교과서가 쉬워지는

용어 한국사 600

3
조선 ❶

Mirae N 아이세움

교과서가 쉬워지는 **용어 한국사 600**

용어로 이해하고 그림으로 기억하는 한국사입니다

• 쉽게 이해되는 역사 용어

한국사 용어는 과거에 사용한 것들이어서 지금은 쓰지 않는 단어나 뜻을 모르는 한자어가 많습니다. 이 책은 낯설고 어려운 역사 용어를 쉽고 간결하게 설명하여 학생들이 명쾌하게 이해하도록 했습니다.

• 강렬한 인포그래픽 이미지

사진과 그림은 메시지를 효과적으로 전달합니다. 이 책은 학생들이 해당 주제를 직관적으로 이해하도록 인포그래픽 방식을 구사합니다.
이런 방식은 지식의 핵심을 강렬하게 전하여 교육 효과를 높이고 오래 기억되도록 합니다.

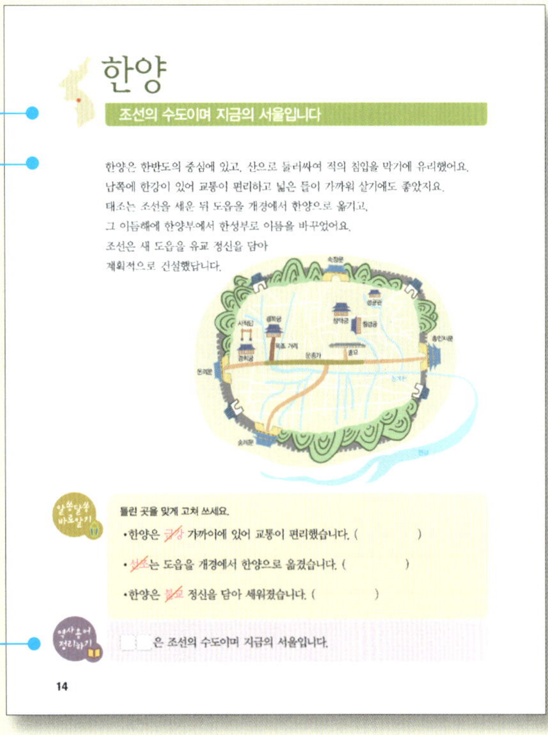

한양

조선의 수도이며 지금의 서울입니다

한양은 한반도의 중심에 있고, 산으로 둘러싸여 적의 침입을 막기에 유리했어요.
남쪽에 한강이 있어 교통이 편리하고 넓은 들이 가까워 살기에도 좋았지요.
태조는 조선을 세운 뒤 도읍을 개경에서 한양으로 옮기고,
그 이듬해에 한양부에서 한성부로 이름을 바꾸었어요.
조선은 새 도읍을 유교 정신을 담아
계획적으로 건설했답니다.

틀린 곳을 맞게 고쳐 쓰세요.
- 한양은 금강 가까이에 있어 교통이 편리했습니다. ( )
- 성조는 도읍을 개경에서 한양으로 옮겼습니다. ( )
- 한양은 불교 정신을 담아 세워졌습니다. ( )

□□은 조선의 수도이며 지금의 서울입니다.

14

경국대전

조선의 기본 법전입니다

세조 때 만들기 시작해 성종 때 완성했어요.
경국대전은 '나라를 경영하는 큰 법'이라는 뜻인데
유교 정신에 바탕을 두고 있어요.
조선의 정치·사회·경제를 자세하게 규정한
총 319개의 법조문이 이전·호전·예전·병전·형전·공전의
6전으로 나뉘어 있어요.
이 법전으로 중국 법이 아니라 조선의 상황에
맞는 법으로 나라를 다스릴 수 있게 되었지요.

틀린 곳을 맞게 고쳐 쓰세요.
- 〈경국대전〉은 세종 때 완성했습니다. ( )
- 〈경국대전〉은 불교 정신에 바탕을 두고 있습니다. ( )
- 〈경국대전〉은 중국의 상황에 맞는 법입니다. ( )

조선의 기본 법전은 　　　　 입니다.

건국과 정치 25

• 배경지식과 학습의 통합

학습은 배우는 '학(學)'과 익히는 '습(習)'의 통합입니다. 배워서 깨치더라도 학습자 스스로 자신의 것으로 만드는 노력이 따라야 합니다.
이 책은 설명과 이미지로 배운 한국사 지식을 학생이 곧바로 자신의 것으로 축적할 수 있도록 구성했습니다.

• 집중력과 정확성을 높이는 확인 학습

확인 학습은 [알쏭달쏭 바로 알기]와 [역사 용어 정리하기]로 구성하였습니다.

알쏭달쏭 바로알기는 틀린 내용을 학생이 직접 수정하도록 했습니다. 내용의 오류를 찾는 학습법은 흥미를 유발하고 학생들의 집중력을 높입니다. 그리고 스스로 수정하는 과정은 정확한 지식을 오래 기억하게 합니다. 문제 유형은 총 3가지로 '틀린 곳 고치기' '선택하기' '정오 구분하기'입니다.

역사 용어 정리하기는 해당 주제의 핵심을 다시 한번 정리하며 학습을 마무리하도록 합니다.

교과서가 쉬워지는 용어 한국사 600

지식과 학습이 통합되는 한국사입니다

•교육 과정과 연계한 주제 선정
한국사 초등 교육 과정의 핵심 주제를 망라하여 교과 내용을 보충하거나 조사할 때 도움이 되도록 구성했습니다. 또 시대 이해에 필수적인 주제는 중고등 교육 과정을 참조하여 추가했습니다. 이는 초중고로 이어지는 한국사 연계 학습에 유용하며 각종 한국사 평가에 대비하는 능력을 키워 줍니다.

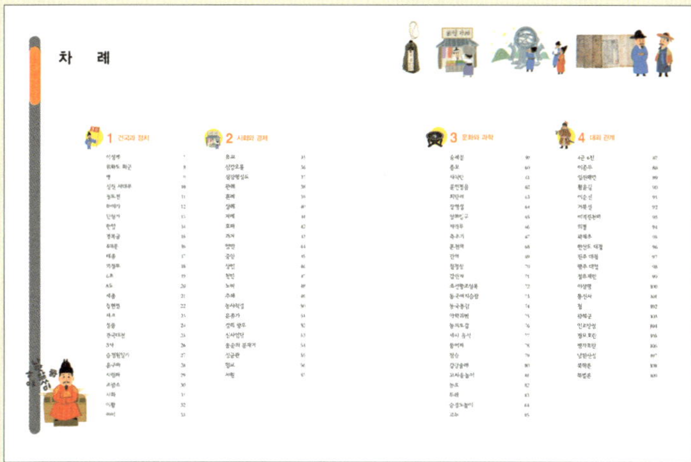

•한국사를 꿰는 600가지 핵심 용어
한국의 역사는 길기 때문에 인물, 사건, 제도, 유물 유적, 전문 용어가 많습니다. 이 책은 한국사 공부에 필수적인 핵심 주제 600가지로 한국사 전체를 이해하도록 돕습니다.

•집중과 선택이 수월한 학습자 맞춤형
고대부터 근현대까지 총 6권으로 구성하여 초등 한국사는 물론 중학교 역사 학습의 기초가 되게 했습니다. 학교 진도에 맞추어 활용하거나, 집중 기간을 정해 일정 분량씩 순차적으로 학습할 수 있습니다. 그리고 학생의 흥미나 관심에 따른 주제 선택도 가능합니다. 한편 배경지식과 확인 학습 꼭지는 학생의 필요에 따라 각각 다양하게 활용할 수 있습니다.

차례

1 건국과 정치

2 사회와 경제

3 문화와 과학

4 대외 관계

이성계
위화도 회군
명
신진 사대부
정도전
하여가
단심가
한양
경복궁
4대문
태종
의정부
6조

1

건국과 정치

8도
세종
집현전
세조
성종
경국대전
3사
승정원일기
훈구
사림
조광조
사화
이황
이이

이성계

조선을 세우고 첫 번째 왕이 된 사람입니다

고려 말에 홍건적과 왜구를 물리치며 백성들에게 큰 인기를 얻었어요.
위화도 회군 후 권력을 잡고 신진 사대부의 도움을 받아
고려를 무너뜨리고 새 나라를 세웠지요.
왕조를 세운 왕이어서 '태조'라고 불려요.
태조는 고조선을 계승한다는 뜻에서
나라 이름을 조선이라고 했어요.

알쏭달쏭 바로알기

틀린 곳을 맞게 고쳐 쓰세요.

- 이성계는 황건적과 왜구를 물리쳤습니다. (　　　　　　)
- 이성계는 왕조를 세운 왕이어서 세조라고 불립니다. (　　　　　　)
- 조선은 고구려를(을) 계승한다는 뜻을 담고 있습니다. (　　　　　　)

역사 용어 정리하기

조선을 세우고 첫 번째 왕이 된 사람은 □□□ 입니다.

위화도 회군

고려 말에 이성계가 위화도에서 군사를 돌린 사건입니다

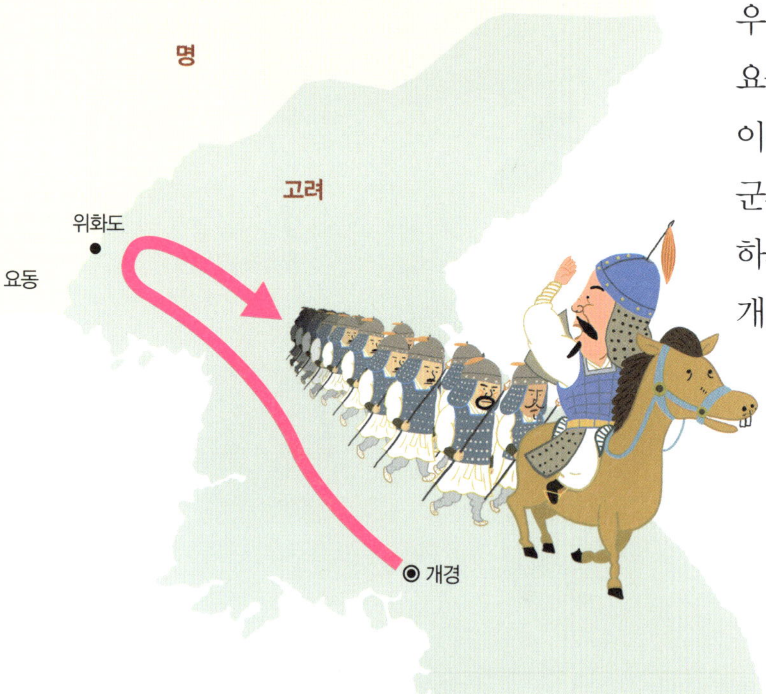

위화도는 압록강 하류에 있는 섬이에요.
회군은 군사(군軍)를 돌이킨다(회回)는 뜻이지요.
명나라가 고려에 철령 북쪽 땅을 달라고 하자,
우왕과 최영은 도리어 명나라의
요동 땅을 정벌하기로 했어요.
이성계는 요동 정벌을 반대했지만
군사를 이끌고 나가야 했지요.
하지만 위화도에서 군사를 돌려
개경을 점령하고 권력을 잡았어요.

알쏭달쏭 바로 알기

틀린 곳을 맞게 고쳐 쓰세요.

- 위화도는 ~~두만강~~ 하류에 있는 섬입니다. (   )
- 우왕과 ~~최항~~은 요동을 정벌하려고 했습니다. (   )
- 이성계는 요동 정벌을 ~~찬성~~했습니다. (   )

역사 용어 정리하기

□□□ □□은 고려 말에 이성계가 위화도에서 군사를 돌린 사건입니다.

명

원나라를 무너뜨리고 중국을 통일한 왕조입니다

한족 출신인 주원장이 세웠어요.
몽골족이 세운 원나라를 북쪽으로 몰아내고 중국을 통일했지요.
수도는 난징이었고, 뒤에 베이징으로 옮겼어요.
명나라는 비슷한 시기에 세워진 조선과 좋은 관계를 유지했어요.
임진왜란 때 조선을 돕기 위해 군대를 보내기도 했지요.
명나라가 망한 뒤 만주족(여진족)이 세운 청나라가 중국을 지배했어요.

알쏭달쏭 바로알기

두 단어 중 맞는 것에 ○표 하세요.

- 명나라는 (주방장, 주원장)이 세운 나라입니다.
- 명나라는 (임진왜란, 병자호란) 때 조선에 지원군을 보냈습니다.
- 명나라가 망한 뒤, 중국은 (원나라, 청나라)가 지배했습니다.

역사 용어 정리하기

☐은 원나라를 무너뜨리고 중국을 통일한 왕조입니다.

신진 사대부

고려 말에 나타난 새로운 정치 세력입니다

사대부는 유교 교양을 쌓아 과거에 급제하여
관리가 된 사람을 일컬어요.
사(士)는 선비, 대부(大夫)는 관리를 뜻하지요.
신진 사대부는 대개 지방에 작은 땅을 가졌고,
중국 원나라 대신 명나라를 따랐어요.
지배 집단인 권문세족에 맞서
정치를 개혁하고자 했으며,
이성계의 조선 건국을 도왔어요.

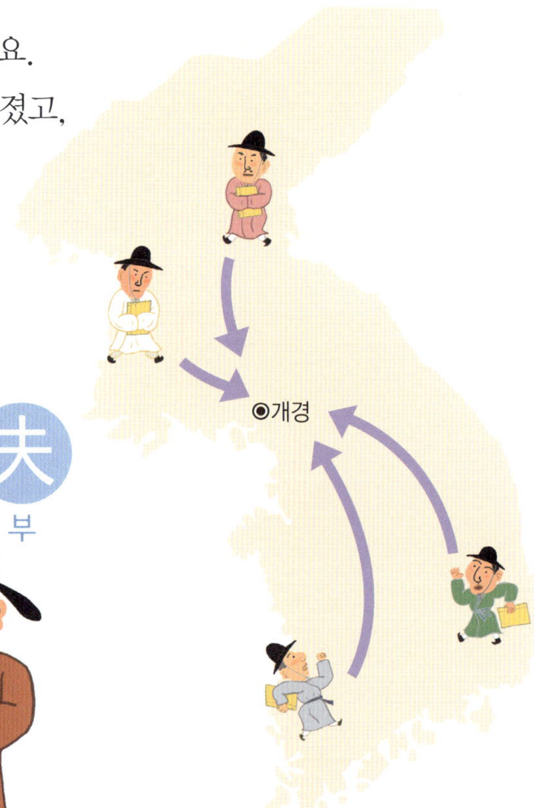

알쏭달쏭 바로알기

틀린 곳을 맞게 고쳐 쓰세요.

- 신진 사대부는 ~~음서~~를 통해 관리가 되었습니다. (　　　　　)
- 신진 사대부는 중국 ~~원나라~~를 따랐습니다. (　　　　　)
- 신진 사대부는 ~~문벌 귀족~~에 맞섰습니다. (　　　　　)

역사 용어 정리하기

□□ □□□는 고려 말에 새롭게 나타나 조선 건국을 도운 세력입니다.

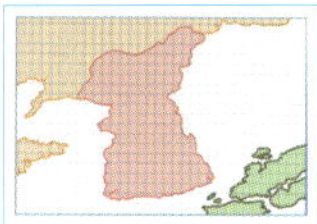

정도전

조선을 세우고 새 제도를 만드는 데 큰 공을 세운 정치가입니다

이성계를 도와 조선을 세우고 정치 · 경제 제도의 기초를 마련했어요.
불교를 멀리하고 유교 정신에 따라 나라를 다스려야 한다고 주장했지요.
한양을 설계하는 데에도 큰 역할을 했답니다.
정도전은 재상이 중심이 되는 정치를 강조하여
왕권을 중요하게 여긴 이방원과 대립했어요.
결국 이방원에게 죽임을 당했어요.

알쏭달쏭 바로알기

틀린 곳을 맞게 고쳐 쓰세요.

- 정도전은 ~~불교~~를 따랐습니다. (　　　　　)
- 정도전은 ~~왕~~이 중심이 된 정치를 주장했습니다. (　　　　　)
- 정도전은 ~~개경~~을 설계하는 데 큰 역할을 했습니다. (　　　　　)

역사 용어 정리하기

□□□은 조선을 세우고 새 제도를 만드는 데 큰 공을 세웠습니다.

하여가

이방원이 정몽주의 마음을 떠보려고 지은 시입니다

이방원은 이성계의 아들로 새 나라를 세워 아버지를 왕으로 만들려고 했어요. 정몽주를 자기편으로 끌어들이려고 하여가를 지어 마음을 떠보았지요. 하여(何如)는 '어떠하리'를 한자로 쓴 거예요.
만수산의 칡덩굴이 서로 얽혀진 것처럼, 정몽주도 고려를 버리고 함께 어우러져 새 나라에서 오래도록 부귀영화를 누리자는 내용이에요.

이런들 어떠하며 저런들 어떠하리
만수산 드렁칡이 얽혀진들 어떠하리
우리도 이같이 얽혀져 백 년까지 누리리라

알쏭달쏭 바로알기

내용이 맞으면 ○표, 틀리면 X표를 하세요.

- 이방원은 이성계의 아들입니다. (　　)
- '하여'는 '어떠하리'를 한자로 쓴 것입니다. (　　)
- 이방원은 전봉준의 마음을 떠보려고 시를 지었습니다. (　　)

역사 용어 정리하기

□□□는 이방원이 정몽주의 마음을 떠보려고 지은 시입니다.

단심가

이방원의 하여가에 답하여 정몽주가 지은 시입니다

정몽주는 고려 말의 뛰어난 학자예요.
고려를 지키면서 개혁을 추진하고자 했기에 조선 건국에 반대했지요.
이방원이 하여가로 마음을 떠보자 정몽주는 단심가로 답했어요.
단심은 붉을 단(丹), 마음 심(心)으로 고려에 대한 변함없는 충성심을 뜻해요.
이방원은 설득에 실패하자 자객을 보내 선죽교에서 정몽주를 죽였어요.

이 몸이 죽고 죽어 일백 번 고쳐 죽어

백골이 진토 되어 넋이라도 있고 없고

임 향한 일편단심이야 가실 줄이 있으랴

알쏭달쏭 바로알기

틀린 곳을 맞게 고쳐 쓰세요.

- 정몽주는 고려 말의 ~~장군~~입니다. (   )
- '단심'은 ~~조선~~에 대한 충성심을 뜻합니다. (   )
- 정몽주는 ~~오작교~~에서 죽었습니다. (   )

역사 용어 정리하기

정몽주는 이방원의 하여가에 답하여 □□□를 지었습니다.

한양

조선의 수도이며 지금의 서울입니다

한양은 한반도의 중심에 있고, 산으로 둘러싸여 적의 침입을 막기에 유리했어요. 남쪽에 한강이 있어 교통이 편리하고 넓은 들이 가까워 살기에도 좋았지요. 태조는 조선을 세운 뒤 도읍을 개경에서 한양으로 옮기고, 그 이듬해에 한양부에서 한성부로 이름을 바꾸었어요. 조선은 새 도읍을 유교 정신을 담아 계획적으로 건설했답니다.

알쏭달쏭 바로알기

틀린 곳을 맞게 고쳐 쓰세요.

- 한양은 금강 가까이에 있어 교통이 편리했습니다. (　　　　　)
- 선조는 도읍을 개경에서 한양으로 옮겼습니다. (　　　　　)
- 한양은 불교 정신을 담아 세워졌습니다. (　　　　　)

역사 용어 정리하기

□□은 조선의 수도이며 지금의 서울입니다.

경복궁

조선 시대에 가장 먼저 지은 궁궐입니다

한양으로 도읍을 옮긴 해에 짓기 시작하여 1년 만에 완성했어요.
경복은 '왕과 백성이 태평성대를 누릴 큰(경景) 복(福)을 빈다.'는 뜻이에요.
경복궁에는 왕이 조회를 하던 근정전을 비롯해 여러 건물이 있어요.
유교 정신에 따라 건물의 위치를 정하고 이름을 지었지요.
경복궁은 임진왜란 때 불탔으나 흥선 대원군이 다시 지었어요.

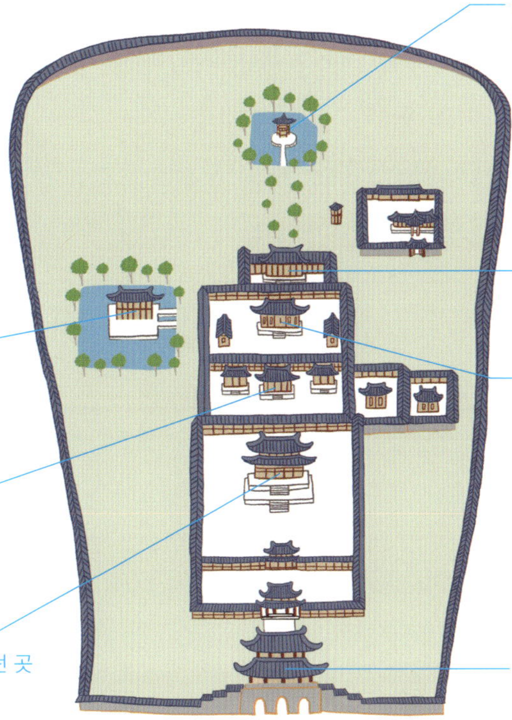

알쏭달쏭 바로 알기

두 단어 중 맞는 것에 ○표 하세요.

- 경복은 '(큰, 작은) 복을 빈다.'는 뜻입니다.
- 근정전은 왕이 (식사, 조회)를 하던 곳입니다.
- 경복궁은 (임진왜란, 병자호란) 때 불에 탔습니다.

역사 용어 정리하기

☐☐☐은 조선 시대에 가장 먼저 지은 궁궐입니다.

4대문

조선 시대에 한양의 동서남북에 있던 네 대문입니다

한양 둘레에 성곽을 쌓고, 성벽의 동서남북에 4개의 대문을 만들었어요. 동쪽 흥인지문, 서쪽 돈의문, 남쪽 숭례문, 북쪽 숙정문(숙청문)이지요. 유교의 가르침인 '인, 의, 예, 지'에 따라 이름을 지었는데, 숙정문은 '정(靖)' 자에 꾀하다는 뜻이 있어 지혜 '지(智)' 자와 통용되었대요. 성벽의 동북, 동남, 서남, 서북에는 4개의 작은 문인 4소문을 만들었어요.

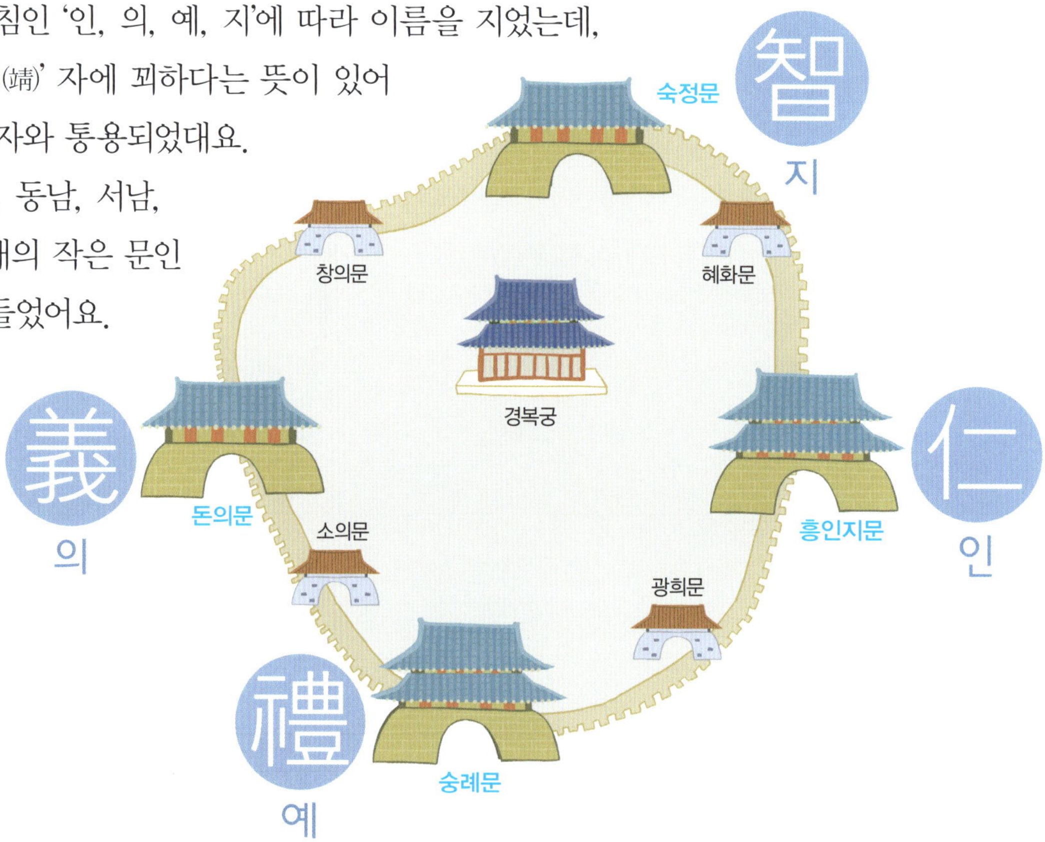

알쏭달쏭 바로알기

틀린 곳을 맞게 고쳐 쓰세요.

- 한양 둘레에 ~~담~~을 쌓고 4대문을 만들었습니다. (   )
- 흥인지문은 ~~서쪽~~에 있는 문입니다. (   )
- '인, 의, ~~효~~, 지'에 따라 4대문의 이름을 지었습니다. (   )

역사 용어 정리하기

조선 시대에 한양의 동서남북에 있던 네 대문을 □□□이라고 합니다.

태종

조선 초기에 제도를 정비하여 나라의 기틀을 다진 왕입니다

왕이 되기 전 이름은 이방원이에요. 이방원은 왕위 계승권을 둘러싸고 형제들과 다툼을 벌였어요. 결국 왕위를 차지하고 조선의 세 번째 왕이 되었지요. 태종은 왕권을 강화하고 새 제도를 만드는 데 힘썼어요. 개인이 병사를 두지 못하게 했고 의정부와 6조, 8도 등 중앙과 지방의 행정도 개혁했어요.

알쏭달쏭 바로알기

틀린 곳을 맞게 고쳐 쓰세요.

- 태종의 이름은 ~~이방석~~입니다. (　　　　　)
- 태종은 ~~신권~~을 강화하는 데 힘썼습니다. (　　　　　)
- 태종은 개인이 ~~노비~~를 두지 못하게 했습니다. (　　　　　)

역사 용어 정리하기

조선 초기에 왕권을 강화하고 나라의 기틀을 튼튼히 한 왕은 □□입니다.

의정부

조선 시대에 나랏일을 담당한 최고 기관입니다

의정부는 위로는 왕을 받들고 아래로는 관리를 관리하며 나랏일을 의논했어요. 의정부에는 영의정, 좌의정, 우의정이 있었는데, 이들을 정승이라고 해요. 영의정이 가장 높은 자리였고, 좌의정이 우의정보다 높았어요. 의정부에서 합의한 내용은 6조로 내려 시행되었지요. 조선 후기에는 비변사가 의정부를 대신하여 나랏일을 담당했어요.

알쏭달쏭 바로알기

내용이 맞으면 ○표, 틀리면 X표를 하세요.

- 의정부에는 중의정, 좌의정, 우의정이 있었습니다. ( )
- 의정부에서 합의한 내용은 6조로 내려 시행되었습니다. ( )
- 조선 후기에는 비변사가 의정부를 대신했습니다. ( )

역사 용어 정리하기

조선 시대에 나랏일을 담당한 최고 기관은 ☐☐☐ 입니다.

6조

조선 시대에 나랏일의 실무를 맡은 여섯 부서입니다

6조는 이조, 호조, 예조, 병조, 형조, 공조예요.
의정부가 나랏일을 결정하면
6조가 일을 나누어 맡았지요.
6조의 장관은 판서, 차관은 참판이라고 해요.
중요한 나랏일에는 판서도 의정부 정승들과
자리를 같이하여 의견을 내었어요.
지방에는 6조를 본떠 6방을 두어
수령의 통치를 도왔어요.

알쏭달쏭 바로알기

틀린 곳을 맞게 고쳐 쓰세요.

- 6조는 이조, 호조, 예조, 병조, 형조, ~~부조~~입니다. (　　　　　)
- 6조의 장관을 ~~판사~~라고 합니다. (　　　　　)
- 지방에는 6조를 본떠 ~~6장~~이 있었습니다. (　　　　　)

역사 용어 정리하기

□□는 조선 시대에 나랏일의 실무를 맡은 여섯 부서입니다.

8도

조선 시대의 지방 행정 구역입니다

태종은 전국을 도로 나누고 각 도에 관찰사를 내려보냈어요.
도는 강원도, 경기도, 경상도, 전라도, 충청도, 평안도, 함경도, 황해도예요.
도의 이름은 당시 각 도에서 가장 큰 지역의 앞 글자를 따왔어요.
강릉과 원주에서 강원도, 이런 식으로요.
단, 경기도는 서울을 일컫는 '경'과
서울 인근 지역이라는 '기'에서 나왔어요.
도 밑에는 부, 목, 군, 현을 두었지요.

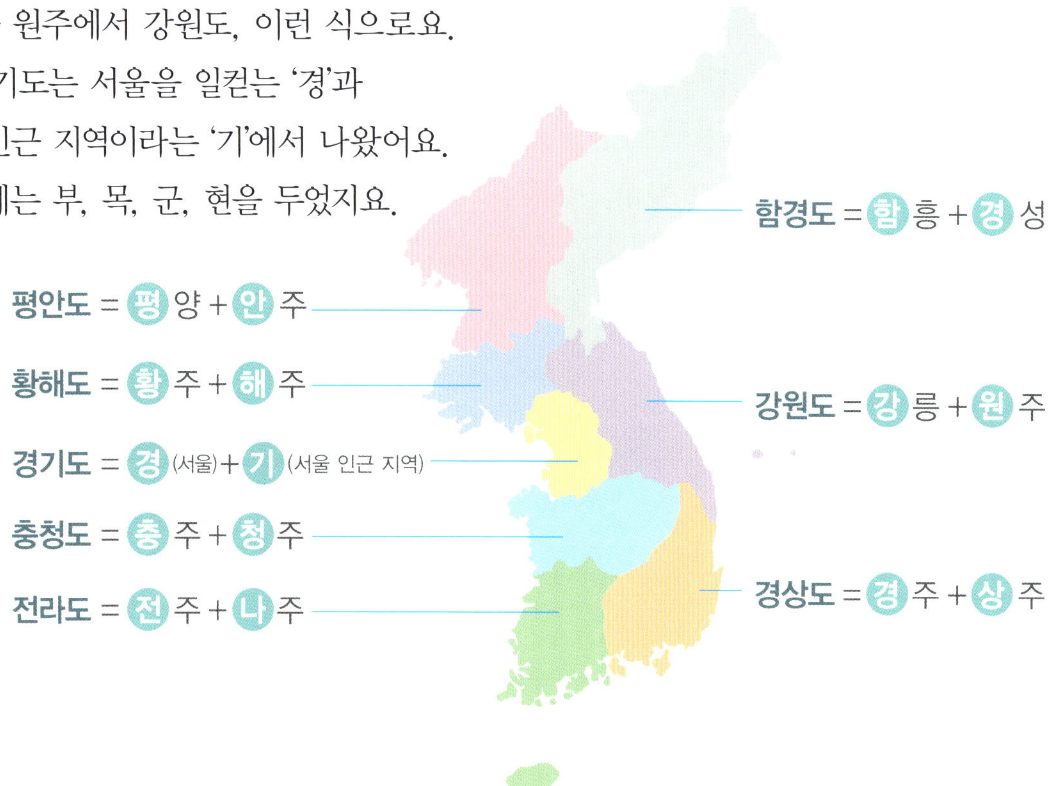

알쏭달쏭 바로알기

틀린 곳을 맞게 고쳐 쓰세요.

- 태종은 전국을 ~~5~~도로 나누었습니다. (   )
- 각 도에는 ~~안찰사~~를 내려보냈습니다. (   )
- 8도 밑에 부, 목, ~~동~~, 현을 두었습니다. (   )

역사 용어 정리하기

조선 시대에는 전국을 ☐☐로 나누었습니다.

세종

한글을 만들고 민족 문화를 꽃피운 왕입니다

태종의 셋째 아들로, 형들이 있었지만 왕이 되었어요.
여러 분야에서 뛰어난 업적을 남겨 조선 최고의 왕으로 꼽힌답니다.
한글을 만들고, 농업과 과학 기술을 발전시키고, 음악을 장려했어요.
백성을 위한 정치를 펼쳤고, 민족 문화의 기틀도 다졌지요.
국방에도 힘써 북쪽의 여진족을 몰아내고 땅을 넓혔고, 왜구의 소굴인 쓰시마 섬을 정벌토록 했어요.

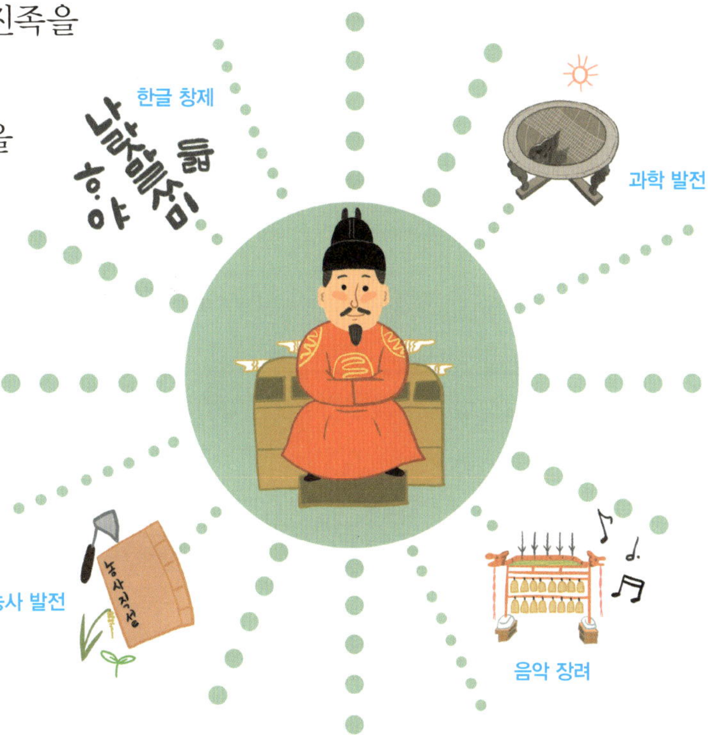

알쏭달쏭 바로알기

두 단어 중 맞는 것에 ○표 하세요.

- 세종은 태종의 (첫째, 셋째) 아들입니다.
- 세종은 (왕족, 백성)을 위한 정치를 펼쳤습니다.
- 세종은 북쪽의 (여진족, 거란족)을 몰아내고 땅을 넓혔습니다.

역사 용어 정리하기

한글을 만들고 민족 문화를 꽃피운 왕은 ☐☐입니다.

집현전

조선 전기에 궁궐 안에 둔 학문 연구 기관입니다

세종은 젊고 유능한 인재를 뽑아 집현전에서 학문을 연구하도록 했어요. 집현전 학자들은 제도와 정책을 연구하고, 여러 분야의 책을 편찬했어요. 왕과 학문 토론을 하는 경연과 세자를 교육하는 서연도 맡아보았지요. 세조 때 사육신 등 세조에 반대하는 학자들이 집현전에서 많이 나오자 집현전을 없앴어요.

알쏭달쏭 바로알기

틀린 곳을 맞게 고쳐 쓰세요.

- 집현전에서는 무술을 연구했습니다. (　　　　　)
- 집현전은 왕과 학문 토론을 하는 서연을 담당했습니다. (　　　　　)
- 인조가 집현전을 없앴습니다. (　　　　　)

역사 용어 정리하기

☐☐☐은 조선 전기에 궁궐 안에 둔 학문 연구 기관입니다.

세조

조선 전기에 왕권과 국방을 튼튼히 한 왕입니다

세종의 둘째 아들이며 왕이 되기 전에는 수양 대군이라고 불렸어요.
형인 문종이 죽고 어린 조카 단종이 왕이 되자,
계유정난을 일으켜 단종을 몰아내고 왕이 되었어요.
세조는 왕권을 강화하고 국방을 튼튼히 했어요.
태종 때 실시했던 호패법을 다시 시행하고,
토지 제도를 개선하여 나라 살림도 튼튼히 했지요.

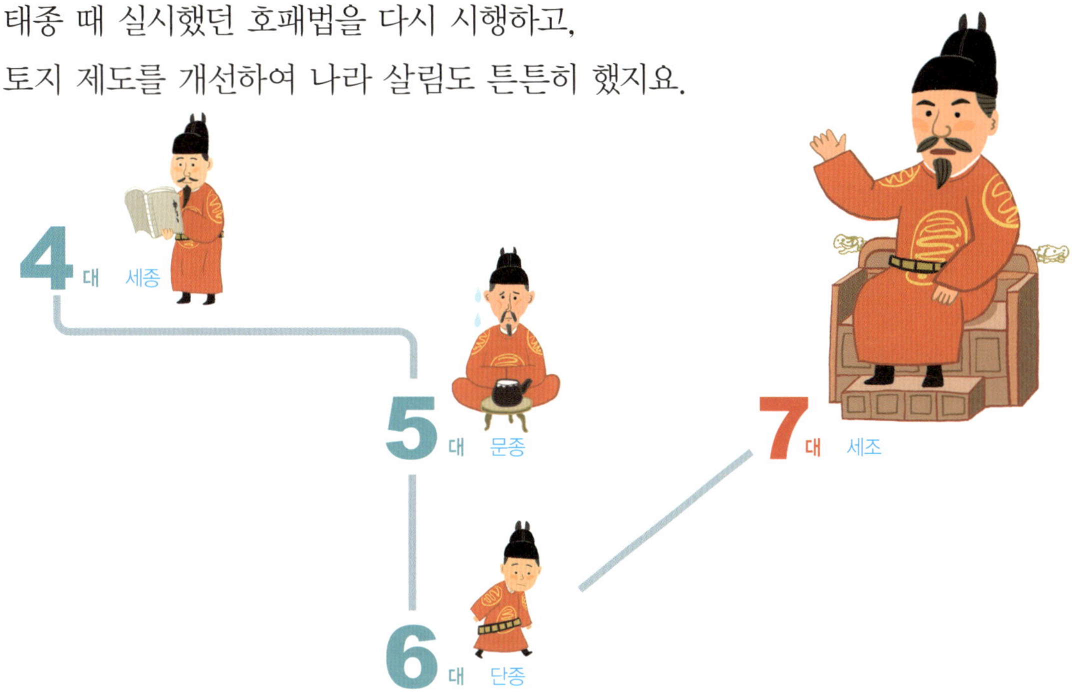

알쏭달쏭 바로알기

틀린 곳을 맞게 고쳐 쓰세요.

- 세조는 왕이 되기 전에 양녕 대군이라고 불렸습니다. (　　　　　)
- 세조는 문종을 몰아내고 왕이 되었습니다. (　　　　　)
- 세조는 방패법을 다시 실시했습니다. (　　　　　)

역사 용어 정리하기

세종의 아들로 왕권과 국방을 튼튼히 한 왕은 □□입니다.

성종

조선 전기의 문화와 제도를 완성한 왕입니다

성종은 세종과 세조가 이룩한 업적을 바탕으로 정치와 문화의 기틀을 잡았어요. 법전인 《경국대전》을 비롯해 역사, 지리, 음악 등 여러 분야의 책을 펴냈지요. 나라의 제도를 완성한 왕이어서 이룰 '성(成)' 자를 넣어 성종이라고 한답니다.

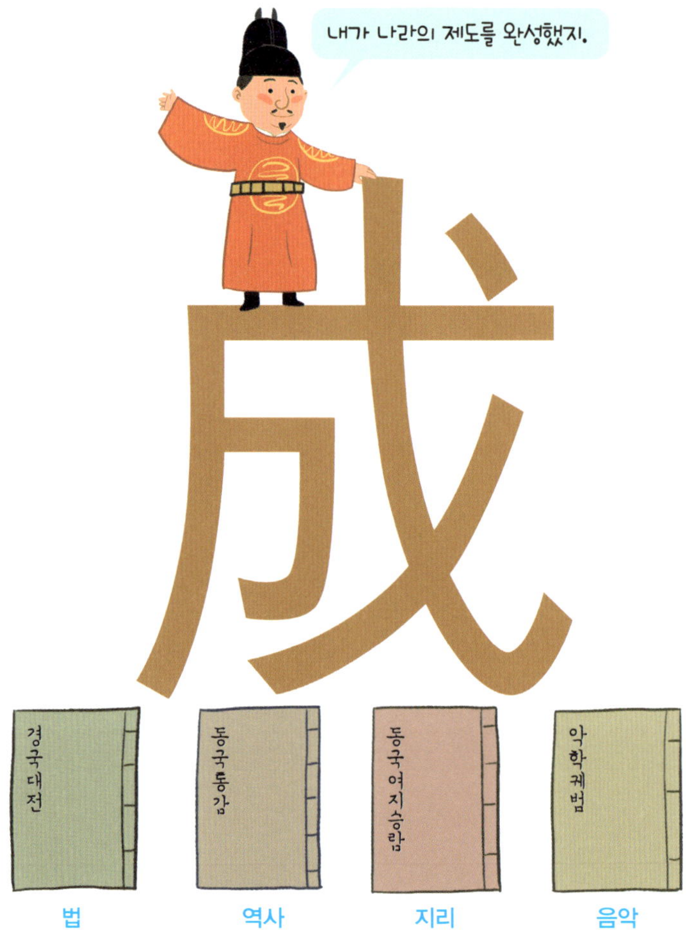

알쏭달쏭 바로알기

내용이 맞으면 ○표, 틀리면 X표를 하세요.

- 성종은 영조와 정조의 업적을 바탕으로 나라의 기틀을 잡았습니다. (   )
- 성종은 《경제육전》을 펴냈습니다. (   )
- 여러 제도를 완성한 왕이어서 성종이라고 합니다. (   )

역사 용어 정리하기

조선 전기의 문화와 제도를 완성한 왕은 ☐☐ 입니다.

경국대전

조선의 기본 법전입니다

세조 때 만들기 시작해 성종 때 완성했어요.
경국대전은 '나라를 경영하는 큰 법'이라는 뜻인데
유교 정신에 바탕을 두고 있어요.
조선의 정치 · 사회 · 경제를 자세하게 규정한
법조문이 이전 · 호전 · 예전 · 병전 · 형전 · 공전의
6개의 법전으로 나뉘어 있어요.
이 법전으로 중국 법이 아니라 조선의 상황에
맞는 법으로 나라를 다스릴 수 있게 되었지요.

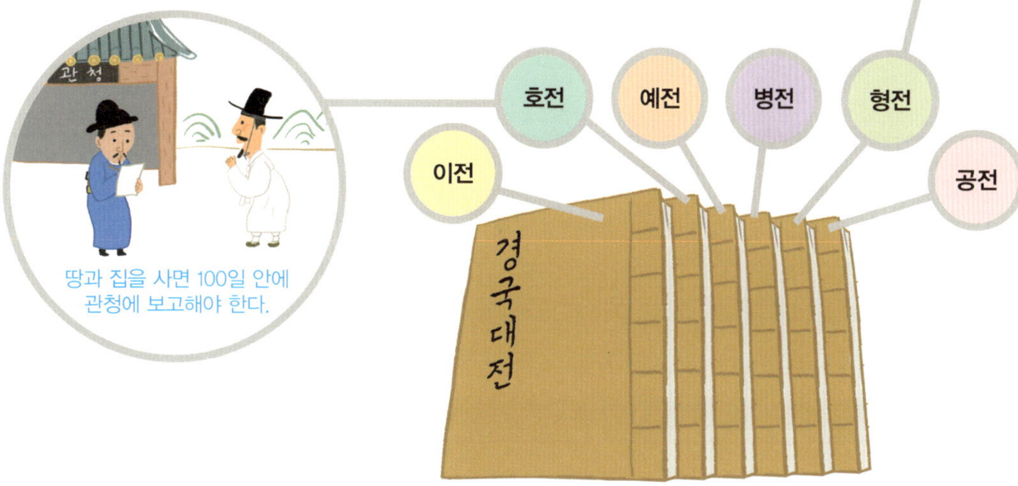

알쏭달쏭 바로알기

틀린 곳을 맞게 고쳐 쓰세요.

- 《경국대전》은 ~~세종~~ 때 완성했습니다. (   )
- 《경국대전》은 ~~불교~~ 정신에 바탕을 두고 있습니다. (   )
- 《경국대전》은 ~~중국~~의 상황에 맞는 법입니다. (   )

역사 용어 정리하기

조선의 기본 법전은 《□□□□》입니다.

3사

조선 시대에 언론 기능을 담당한 세 관청입니다

3사는 홍문관, 사헌부, 사간원을 일컬어요.
홍문관은 궁궐의 책과 문서를 관리하고, 왕의 물음에 전문적인 답을 주는 자문 기관이었어요. 세종 때의 집현전과 비슷했지요.
사헌부는 관리의 잘못을 살피고 풍속을 바로잡는 일을 했어요.
사간원은 왕의 잘못을 비판하는 일을 맡아보았지요.
3사의 말과 글은 왕이라도 함부로 막을 수 없었어요.

알쏭달쏭 바로알기

틀린 곳을 맞게 고쳐 쓰세요.

- 3사는 홍문관, ~~사령부~~, 사간원입니다. (   )
- 홍문관은 ~~승정원~~과 비슷한 역할을 했습니다. (   )
- 사간원은 ~~관리~~의 잘못을 비판하는 일을 했습니다. (   )

역사 용어 정리하기

조선 시대에 언론 기능을 담당한 세 관청을 ☐☐라고 합니다.

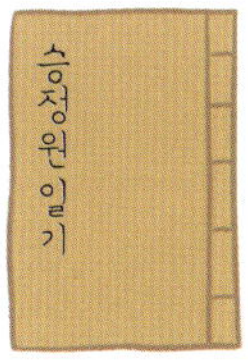

승정원일기

왕의 비서 기관인 승정원에서 나랏일을 매일 기록한 일기입니다

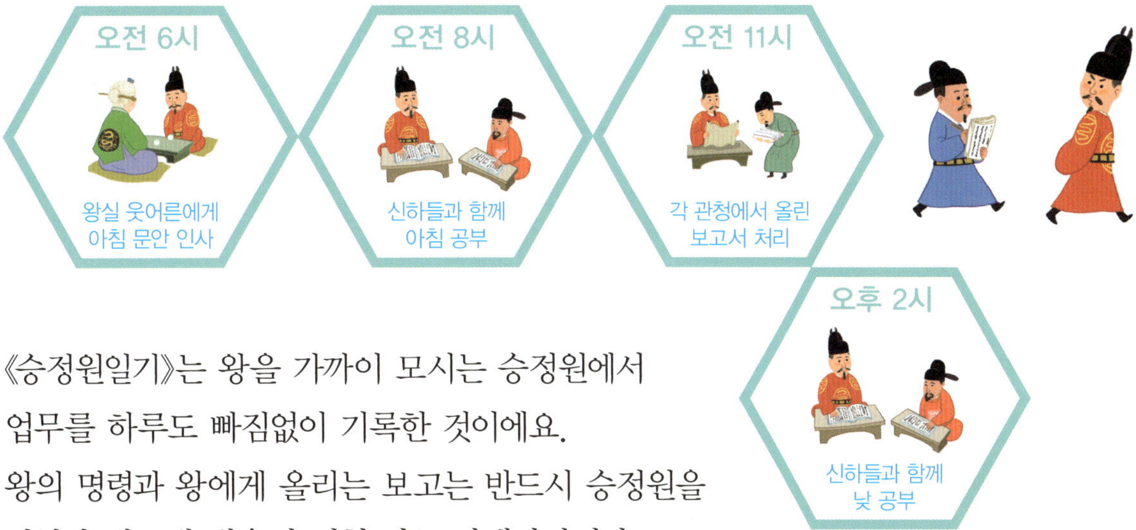

《승정원일기》는 왕을 가까이 모시는 승정원에서 업무를 하루도 빠짐없이 기록한 것이에요. 왕의 명령과 왕에게 올리는 보고는 반드시 승정원을 거쳤기 때문에 내용이 엄청 많고 자세하답니다. 원래 조선 초부터 작성되었으나 임진왜란 때 불에 타 없어지고 1623년부터 1910년까지 288년간의 기록만 남아 있어요. 모두 3,243책이며 글자 수가 2억 4천만 자가 넘어요. 국보이며 유네스코 세계 기록 유산이에요.

알쏭달쏭 바로알기

두 단어 중 맞는 것에 ○표 하세요.

- 승정원은 왕의 (비서, 비판) 기관입니다.
- 승정원에서는 왕이 한 나랏일을 (매일, 매주) 적었습니다.
- 《승정원일기》는 유네스코 세계 (자연, 기록) 유산입니다.

역사 용어 정리하기

《□□□□□》는 승정원에서 나랏일을 매일 기록한 일기입니다.

훈구

조선 전기에 중앙 정치를 주도한 세력입니다

공 훈(勳), 오래 구(舊), 훈구는 공훈을 세운 옛날 세력이라는 뜻이에요.
조선 건국이나 왕을 세우는 데 공을 세워 공신이 되면,
높은 벼슬을 받고 토지와 노비도 많이 받았어요.
세조와 중종은 자신이 왕이 되는 데 공을 세운 신하들을 공신으로 임명했지요.
공신들은 높은 벼슬을 자기들끼리만 나눠 가졌어요.
이들을 성종 때부터 새롭게 등장한 사림과 비교해 훈구라고 해요.

알쏭달쏭 바로알기

틀린 곳을 맞게 고쳐 쓰세요.

- 훈구는 조선 ~~후기~~에 중앙 정치를 주도했습니다. (　　　　　)
- 나라나 왕을 위해 공을 세운 신하는 ~~사신~~으로 임명했습니다. (　　　　　)
- 훈구는 ~~문벌~~과 대비되는 정치 세력입니다. (　　　　　)

역사 용어 정리하기

□□는 조선 전기에 중앙 정치를 주도한 세력입니다.

사림

조선 중기 이후 사회와 정치를 이끈 세력입니다

사림은 선비들이라는 뜻이에요. 유림과 비슷한 말이지요.
원래 중앙에서 정치를 하기보다는 지방에서 성리학을 바탕으로
학문과 교육에 힘쓰고 있었어요.
성종이 당시 정치를 주도하던 훈구를 누르려고 사림을 중앙으로 불러들였어요.
정치에 나선 사림이 많아지면서 하나의 세력이 되었지요.
훈구의 견제로 사화도 겪었지만 꺾이지 않고 힘을 키워
조선 중기 이후 지배 세력이 되었답니다.

알쏭달쏭 바로알기

틀린 곳을 맞게 고쳐 쓰세요.

- 사림은 ~~관리~~들이라는 뜻입니다. (　　　　　)
- 사림은 원래 ~~수도~~에서 학문과 교육에 힘썼습니다. (　　　　　)
- ~~세종~~은 훈구를 누르려고 사림을 중앙으로 불러들였습니다. (　　　　　)

역사 용어 정리하기

□□은 조선 중기 이후 사회와 정치를 이끈 세력입니다.

조광조

중종 때 급진 개혁을 추진한 정치가입니다

조광조는 성리학이 가르치는 이상 정치를 조선에 그대로 펼치고자 했어요.
중종의 신임도 컸고, 사림의 지지도 받았지요.
인재 추천제인 현량과를 실시해 사림을 중앙으로 많이 끌어올렸어요.
또 가짜 공신을 가려내어 공신 지위를 취소해야 한다고 주장해
벼슬을 독차지하던 훈구가 불만을 품었지요.
훈구가 일으킨 기묘사화로
역모죄를 뒤집어쓰고
죽임을 당했어요.

알쏭달쏭 바로알기

내용이 맞으면 ○표, 틀리면 X표를 하세요.

- 조광조는 성종의 신임을 받아 정치에 나섰습니다. (　　)
- 조광조는 인재 추천제인 현량과를 실시했습니다. (　　)
- 조광조는 기묘사화 때 죽임을 당했습니다. (　　)

역사 용어 정리하기

□□□는 중종 때 급진 개혁을 추진한 정치가입니다.

사화

사림이 훈구에게 큰 탄압을 받은 사건을 말합니다

사화는 '사림이 입은 화'라는 뜻이에요.
사림은 중앙에서 정치를 하게 되자 훈구의 비리를 직접 비판했어요.
그러자 훈구는 사화를 일으켜 사림을 공격했답니다.
연산군 때 무오사화와 갑자사화, 중종 때 기묘사화, 명종 때 을사사화 등 네 번의 사화가 있었어요.
사화로 사림을 비롯하여 많은 선비들이 죽거나 귀양을 갔어요.

알쏭달쏭 바로알기

틀린 곳을 맞게 고쳐 쓰세요.

- 사림은 정치를 하게 되자 ~~문벌~~의 비리를 비판했습니다. (　　　　)
- 연산군부터 명종까지 ~~세~~ 번의 사화가 있었습니다. (　　　　)
- 사화로 ~~훈구~~를(을) 비롯하여 많은 선비들이 죽었습니다. (　　　　)

역사 용어 정리하기

사림이 훈구에게 큰 탄압을 받은 사건을 □□라고 합니다.

이황

조선 성리학의 대표적인 학자입니다

호는 퇴계예요. 이황은 마음의 수양을 중요하게 여겨
40대 중반 이후 스무 번이나 관직을 마다했어요.
성리학을 깊이 파고들어 50대에는 최고의 학자로 이름을 떨쳤지요.
60세에 도산 서당을 세워 학문을 연구하고 제자를 기르는 데 힘썼어요.
이황을 따르는 학자들은 경상도를 중심으로 영남학파를 이루었어요.
이황의 학설은 일본의 유학계에도 큰 영향을 끼쳤어요.

알쏭달쏭 바로알기

틀린 곳을 맞게 고쳐 쓰세요.

- 이황은 마음의 욕망을 중요하게 여겼습니다. (　　　　　　)
- 이황은 소수 서당을 세웠습니다. (　　　　　　)
- 이황을 따르는 학자들은 호남학파를 이루었습니다. (　　　　　　)

역사 용어 정리하기

□□은 조선 성리학의 대표적인 학자입니다.

이이

이황과 더불어 조선 성리학의 대표적인 학자입니다

호는 율곡이에요. 13세에 진사시에 합격한 후 아홉 차례나 과거에서 장원하여 구도장원공(아홉 번 장원한 인물)이라고 불렸어요. 이이는 실천을 중요하게 여겨 적극적으로 정치에 참여했어요. 사회 개혁에 힘썼고, 임진왜란이 일어나기 10여 년 전에 외적의 침입에 대비하여 군사를 기르고 군대를 개혁하자고 주장했답니다. 이이를 따르는 학자들은 경기도, 황해도, 충청도를 중심으로 기호학파를 이루었어요.

알쏭달쏭 바로알기

두 단어 중 맞는 것에 ○표 하세요.

- 이이의 호는 (퇴계, 율곡)입니다.
- 이이는 (임진왜란, 임오군란) 전에 군대 개혁을 주장했습니다.
- 이이를 따르는 학자들은 (기호학파, 부호학파)를 이루었습니다.

역사 용어 정리하기

□□는 이황과 더불어 조선 성리학의 대표적인 학자입니다.

유교
삼강오륜
삼강행실도
관례
혼례
상례
제례
호패
과거
양반
중인

2 사회와 경제

상민
천민
노비
추쇄
농사직설
운종가
정희 왕후
신사임당
송순의 분재기
성균관
향교
서원

유교

조선 시대에 나라를 다스리던 기본 정신입니다

유교는 중국 공자의 사상을 바탕으로 하는 유학을 일컬어요.
유학 대신 유교라고 하는 것은 가르침(교敎)을 강조하고
나라 전체의 질서를 마치 종교처럼 지배했기 때문이에요.
조선은 왕, 신하, 백성의 역할뿐만 아니라
도읍이나 궁궐의 배치도 유교의 가르침대로 하려고 했어요.
삼강오륜과 관혼상제를 중요하게 여겨 백성들이 따르게 했지요.

알쏭달쏭 바로알기

틀린 곳을 맞게 고쳐 쓰세요.

- 유교는 노자의 사상을 바탕으로 합니다. (　　　　　)
- 나라 전체의 질서를 유행처럼 지배해서 유교라고 합니다. (　　　　　)
- 조선은 세속오계와(과) 관혼상제를 중요하게 여겼습니다. (　　　　　)

역사용어 정리하기

조선 시대에 나라를 다스리던 기본 정신은 □□입니다.

삼강오륜

유교 도덕의 세 가지 기본과 다섯 가지 도리입니다

삼강은 신하는 임금을(군위신강), 아들은 아버지를(부위자강), 아내는 남편을(부위부강) 근본으로 삼아야 한다는 것이에요.
오륜은 부모와 자식 사이에는 친함이(부자유친), 임금과 신하 사이에는 의리가(군신유의), 남편과 아내 사이에는 다름이(부부유별), 어른과 아이 사이에는 차례가(장유유서), 친구 사이에는 믿음이(붕우유신) 있어야 한다는 것이지요.

알쏭달쏭 바로알기

틀린 곳을 맞게 고쳐 쓰세요.

- 삼강은 유교 도덕의 ~~네~~ 가지 기본입니다. (   )
- 붕우유신은 ~~부부~~ 사이에 지켜야 할 도리입니다. (   )
- 어른과 아이 사이에는 ~~의리~~가 있어야 합니다. (   )

역사 용어 정리하기

□□□□은 유교 도덕의 세 가지 기본과 다섯 가지 도리입니다.

삼강행실도

세종 때 유교 도덕을 백성에게 알리려고 펴낸 책입니다

삼강(三綱)의 행동(행실行實)을 그림(도圖)을 곁들여 알기 쉽게 만들었어요.
우리나라와 중국의 책에서 임금과 신하, 부모와 자식, 남편과 아내 사이에 모범이 될 충신, 효자, 열녀의 이야기를 뽑아 엮었지요.
성종 때에는 한문으로 된 내용을 한글로 풀어서 쓴 언해본을 펴냈어요.

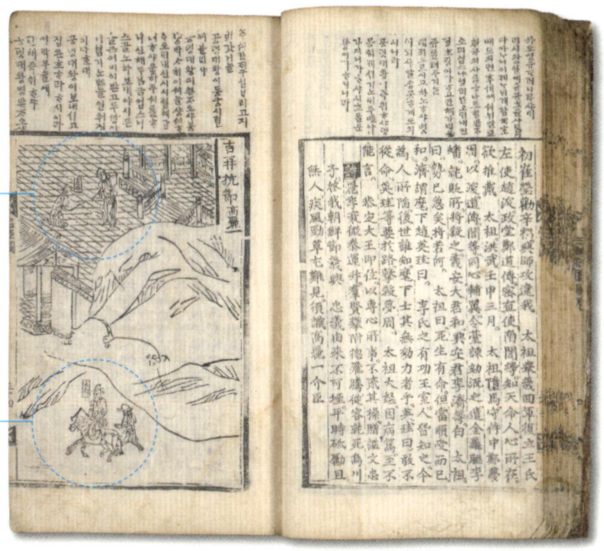

《삼강행실도》의 충신 길재 이야기

알쏭달쏭 바로알기

두 단어 중 맞는 것에 ○표 하세요.

- 《삼강행실도》는 (태종, 세종) 때 펴낸 책입니다.
- 우리나라와 (중국, 일본)의 책에서 모범이 될 이야기를 뽑았습니다.
- 《삼강행실도》에는 충신, (고아, 효자), 열녀의 이야기가 있습니다.

역사 용어 정리하기

《□□□□□》는 세종 때 유교 도덕을 백성에게 알리려고 펴낸 책입니다.

관례

남자아이의 성년식입니다

상투를 틀고 갓(관冠)을 쓰게 하여 관례라고 해요.
남자아이가 15세가 넘으면 좋은 날을 받아 관례를 치렀어요.
관례가 끝나면 조상을 모신 사당에 성인이 되었음을 알리고,
집안 어른과 이웃들에게 인사를 했어요.
여자아이의 성년식은 쪽을 찌고 비녀(계笄)를 꽂게 하여 '계례'라고 한답니다.

관례

계례

알쏭달쏭 바로알기

틀린 곳을 맞게 고쳐 쓰세요.

• 관례는 남자아이의 ~~입학식~~입니다. (　　　　　)

• 관례 때에는 상투를 틀고 ~~금관~~을 썼습니다. (　　　　　)

• 여자아이의 성년식은 ~~주례~~라고 합니다. (　　　　　)

역사 용어 정리하기

□□는 남자아이가 어른이 되었음을 알리는 성년식입니다.

혼례

혼인을 하는 예의와 절차입니다

조선 시대에는 남자는 15세, 여자는 14세부터 혼인할 수 있었어요.
본인의 뜻에 상관없이 집안 어른들이 결정하여 혼인을 했지요.
혼례날은 신부 집에서 정하고, 신랑 집에서는 혼례 전날에
청혼 문서와 예물이 든 함을 신부 집으로 보냈어요.
신부 집에서 혼례를 치른 후, 보통 3일째 되는 날 신랑 집으로 갔어요.

알쏭달쏭 바로알기

틀린 곳을 맞게 고쳐 쓰세요.

- 조선 시대에 남자는 ~~20세~~부터 결혼할 수 있었습니다. (　　　　　　)
- 신랑 집에서는 혼례 전날에 ~~꽃~~을 신부 집으로 보냈습니다. (　　　　　　)
- 혼례는 ~~신랑~~ 집에서 치렀습니다. (　　　　　　)

역사 용어 정리하기

□□는 혼인을 하는 예의와 절차입니다.

상례

장사를 지내는 예의와 절차입니다

사람이 죽으면(상喪) 가족과 아는 사람들이 모여 죽은 이의 명복을 빌었어요.
가족들은 거친 삼베로 만든 상복을 입고 문상 온 손님을 맞았지요.
죽은 이의 관을 상여에 실어 묘지까지 옮기고 땅에 묻었어요.
부모가 돌아가시면 자식들은 3년 동안 상복을 입고
부모의 무덤 옆에 움집을 짓고 묘소(묘墓)를 모시며(시侍) 지키기도 했는데,
이를 시묘살이라고 해요.

알쏭달쏭 바로알기

내용이 맞으면 ○표, 틀리면 X표를 하세요.

- 상례는 제사를 지내는 예의와 절차입니다. (　　)
- 상례 때 가족들은 비단으로 만든 상복을 입었습니다. (　　)
- 부모 무덤 옆에 움집을 짓고 묘소를 지키는 것은 시묘살이입니다. (　　)

역사 용어 정리하기

☐☐는 죽은 사람을 장사 지낼 때 따르는 예의와 절차입니다.

제례

제사를 지내는 예의와 절차입니다

조선 시대에는 4대 봉사라고 하여 부모, 조부모, 증조부모, 고조부모까지 제사를 지냈어요.
조상이 돌아가신 날에 지내는 기제사와 명절에 지내는 차례가 있었지요.
제사를 돌아가신 조상에 대한 효도라고 생각하여 제례 음식을 정성껏 준비하고 까다로운 제사 절차도 잘 지켰답니다.

알쏭달쏭 바로알기

틀린 곳을 맞게 고쳐 쓰세요.

- 조선 시대에는 ~~2대~~ 조상인 고조부모까지 제사를 지냈습니다. (　　　　　)
- ~~차례~~는 조상이 돌아가신 날에 지내는 제사입니다. (　　　　　)
- 제사를 돌아가신 조상에 대한 ~~불효~~라고 생각했습니다. (　　　　　)

역사 용어 정리하기

□□는 제사를 지내는 예의와 절차입니다.

호패

조선 시대에 16세 이상의 남자가 차고 다닌 신분 증명패입니다

호패는 오늘날의 주민등록증과 비슷해요.
호패에는 이름, 태어난 해, 지위, 사는 곳 등을 새겼는데,
신분에 따라 호패의 기록 내용과 재질이 달랐어요.
호패는 성인 남자의 수를 파악하고,
신분을 구분하고, 세금을 거두려고 만들었어요.

알쏭달쏭 바로알기

틀린 곳을 맞게 고쳐 쓰세요.

- 조선 시대에 ~~14세~~ 이상의 남자는 호패를 차고 다녔습니다. (　　　　　　)
- ~~성별~~에 따라 호패의 기록 내용이 달랐습니다. (　　　　　　)
- 호패는 신분을 구분하고 ~~벌금~~을 거두려고 만들었습니다. (　　　　　　)

역사 용어 정리하기

□□는 조선 시대에 16세 이상의 남자가 차고 다닌 신분 증명패입니다.

과거

고려 시대와 조선 시대에 관리를 뽑던 시험입니다

조선의 과거에는 문과, 무과, 잡과가 있었어요.
고려와 달리 무과도 실시해 문무 양반 체제를 다져 갔지요.
문과는 대과라고도 하는데, 생원과 진사를 뽑는 소과에 합격해야 볼 수 있었어요.
무과는 군인 관리를 뽑았고, 기술 관리를 뽑는 잡과에는 중인이 많이 응시했어요.
조선의 신분은 크게 양인과 천민으로 나뉘는데, 양인은 과거를 볼 수 있었어요.
하지만 실제로는 일부 사람만 과거를 볼 수 있었답니다.

문과

무과

잡과

알쏭달쏭 바로알기

두 단어 중 맞는 것에 ○표 하세요.

- 조선은 고려와 달리 (문과, 무과)도 실시했습니다.
- 과거 종류에는 문과, 무과, (잡과, 이과)가 있었습니다.
- (양인, 천민)은 누구나 과거를 볼 수 있었습니다.

역사 용어 정리하기

□□는 고려 시대와 조선 시대에 관리를 뽑을 때 치르던 시험입니다.

양반

조선 시대의 지배 계층입니다

양반은 원래 관직에 오른 문반과 무반, 두(양兩) 반(班)을 합쳐 부르던 말이에요.
그러다 관리뿐만 아니라 그 가족과 가문까지도 양반이라고 부르게 되면서,
차츰 벼슬을 할 수 있는 신분을 가리키는 말로 바뀌었지요.
양반은 군대에 가지 않고 세금도 내지 않았어요.
자기 땅의 농사도 직접 짓지 않고 노비나 소작농에게 짓게 했답니다.

알쏭달쏭 바로알기

틀린 곳을 맞게 고쳐 쓰세요.

- 양반은 원래 문반과 ~~잡반~~을 합쳐 부르던 말입니다. (   )
- 양반은 벼슬할 수 있는 ~~직업~~을 가리키는 말로 바뀌었습니다. (   )
- 양반은 ~~학교~~에 가지 않고 세금도 내지 않았습니다. (   )

역사 용어 정리하기

조선 사회를 지배했던 가장 높은 신분은 ☐☐입니다.

중인

조선 시대에 양반과 상민의 중간에 있던 신분입니다

중인은 가운데(중中) 있는 사람(인人)이라는 뜻으로,
양반보다는 신분이 낮고 상민보다는 높았어요.
중인은 양반 밑에서 실무를 맡아보았어요.
중앙이나 지방의 관청에서 일하는 서리와 향리, 의학을 담당한 의관,
법률을 담당한 율관, 통역을 맡은 역관, 기술자 등이 중인에 속했지요.
양반의 첩이 낳은 자식인 서얼도 중인이었어요.

알쏭달쏭 바로알기

틀린 곳을 맞게 고쳐 쓰세요.

- 중인은 ~~상민~~보다 신분이 낮았습니다. (　　　　　　)
- 통역을 맡은 ~~의관~~도 중인에 속했습니다. (　　　　　　)
- 양반의 첩이 낳은 자식인 ~~기인~~도 중인이었습니다. (　　　　　　)

역사 용어 정리하기

□□은 조선 시대에 양반과 상민의 중간에 있던 신분입니다.

상민

조선 시대의 일반 백성을 말합니다

상민은 평범한(상常) 백성(민民)이라는 뜻이에요.
주로 농업, 상업, 수공업에 종사했지요.
상민의 대부분은 농민으로, 상인이나 수공업자보다 나은 대우를 받았어요.
상민은 세금을 내고 군대에 가야 했어요.
상민도 과거를 볼 권리가 있었지만, 과거 시험을 준비할 시간이나 돈이 없어 벼슬에 오르기는 매우 힘들었어요.

알쏭달쏭 바로알기

내용이 맞으면 ○표, 틀리면 X표를 하세요.

- 상민은 주로 농업, 상업, 수공업에 종사했습니다. ( )
- 상민의 대부분은 상인이었습니다. ( )
- 상민은 세금을 내고, 군대에 가야 했습니다. ( )

역사 용어 정리하기

□□은 조선 시대의 일반 백성을 이르던 말입니다.

천민

조선 시대의 가장 낮은 신분입니다

천민은 천한(천賤) 일을 하는 백성(민民)이라는 뜻이에요.
천민은 세금을 내거나 군대에 가야 할 의무가 없는 대신 아무런 권리도 없었어요.
노비를 비롯해 가축 잡는 백정, 광대, 무당, 기생 등이 천민에 속했어요.
노비 이외의 천민들은 따로 마을을 이루고 사는 경우가 많았어요.

알쏭달쏭 바로알기

틀린 곳을 맞게 고쳐 쓰세요.

- 천민은 조선 시대의 가장 ~~높은~~ 신분입니다. (　　　　　)
- 노비는 ~~상민~~이었습니다. (　　　　　)
- 가축 잡는 ~~천정~~은 천민에 속했습니다. (　　　　　)

역사 용어 정리하기

조선 시대의 가장 낮은 신분은 □□입니다.

노비

천민의 대부분을 차지한 종을 말합니다

노비는 남자 종인 노(奴)와 여자 종인 비(婢)를 함께 이르는 말이에요.
노비에는 관청에 소속된 공노비와 개인이 거느린 사노비가 있었어요.
사노비는 대개 주인집에 살면서 일을 했지만, 따로 사는 노비도 있었어요.
노비는 재산으로 여겨져 사고팔거나 후손에게 물려줄 수도 있었어요.
부모 중 한쪽이 노비이면 자식은 노비가 되었답니다.

알쏭달쏭 바로알기

틀린 곳을 맞게 고쳐 쓰세요.

- '노'는 여자 종을 말합니다. (　　　　　)
- 노비는 상민의 대부분을 차지했습니다. (　　　　　)
- 관청에 속한 공노비와 개인이 거느린 산노비가 있었습니다. (　　　　　)

역사 용어 정리하기

□□는 천민의 대부분을 차지한 종을 말합니다.

추쇄

도망한 사람을 붙잡아 본래대로 돌려보내던 일을 말합니다

노비를 붙잡는 추쇄는 추노라고 해요.
노비의 처지가 매우 나빴기 때문에 도망가는 노비가 많았어요.
공노비가 도망치면 관청에서 수색 작업을 벌였고,
사노비는 주인이 지방 관청의 힘을 빌려 추쇄를 했어요.
노비를 붙잡으려고 나라에서 임시 관청인 노비 추쇄도감을 두기도 했어요.
한편 군역이나 부역을 피해 도망간 양인들도 추쇄를 했어요.

알쏭달쏭 바로알기

두 단어 중 맞는 것에 ○표 하세요.

- 노비 추쇄를 (추노, 추비)라고 합니다.
- 도망간 노비를 붙잡으려고 노비 (식목도감, 추쇄도감)을 두기도 했습니다.
- 군역이나 부역을 피해 도망간 (양반, 양인)들도 추쇄를 했습니다.

역사 용어 정리하기

도망한 사람을 붙잡아 본래대로 돌려보내던 일을 ☐☐라고 합니다.

농사직설

세종 때 펴낸 최초의 우리나라 농사책입니다

세종은 우리 땅과 기후에 맞는 농사법 책을 펴내라고 지시했어요.
그때까지는 중국의 농사책을 참고했는데,
우리와 환경이 달라 별로 도움이 되지 않았어요.
《농사직설》은 각 지역의 경험 많은 농부들이 전하는 농사 지식을 모아서 썼어요.
씨앗 보관법, 씨 뿌리는 법, 논밭 가는 법, 주요 작물의 재배법 등을 담았지요.
《농사직설》에서 소개한 발달된 농업 기술 덕분에 수확량이 늘어났어요.

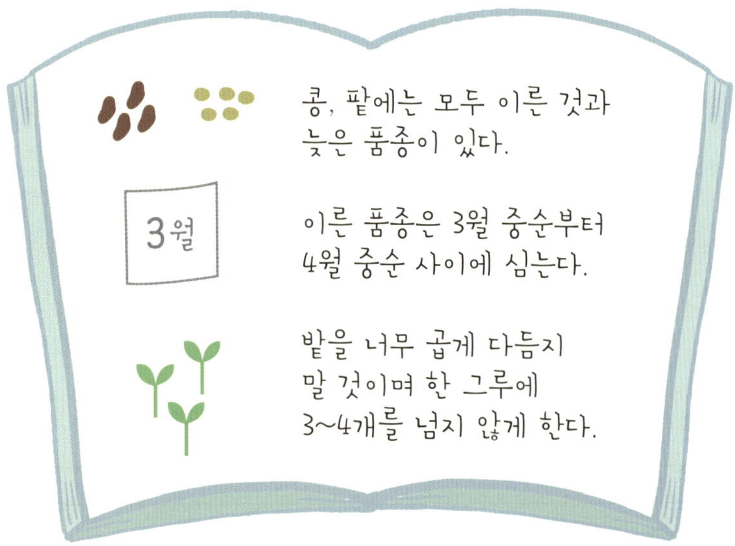

알쏭달쏭 바로알기

틀린 곳을 맞게 고쳐 쓰세요.

- 《농사직설》은 ~~성종~~ 때 펴낸 책입니다. (　　　　　)
- 《농사직설》 이전에는 ~~일본~~의 농사책을 참고했습니다. (　　　　　)
- 《농사직설》은 각 지역 ~~학자~~들의 농사 경험을 모아 썼습니다. (　　　　　)

역사 용어 정리하기

세종 때 펴낸 《□□□□》은 최초의 우리나라 농사책입니다.

운종가

조선 시대에 한양에 있던 상가 거리입니다

운종가는 지금의 서울 종로에 있었어요. 중앙 관청인 6조와 가까워 전국 각지의 물품이 모이고 육의전을 비롯한 가게가 늘어섰지요. 오가는 사람들도 많아서 '사람들이 구름(운雲)같이 모이는(종從) 거리(가街)'라는 뜻의 운종가라는 이름을 얻었어요.

육의전은 왕실과 관청에서 쓸 여섯 가지 물건인 비단, 명주, 무명, 모시, 종이, 어물을 사고팔던 큰 상점들이에요.

알쏭달쏭 바로알기

틀린 곳을 맞게 고쳐 쓰세요.

- 운종가는 ~~고려~~ 시대 상가 거리입니다. (　　　　　)
- 운종가는 사람들이 ~~파도~~같이 모이는 거리라는 뜻입니다. (　　　　　)
- ~~육상전~~은 왕실과 관청에서 쓸 물건을 사고팔았습니다. (　　　　　)

역사 용어 정리하기

□□□는 조선 시대에 한양에 있던 상가 거리입니다.

정희 왕후

세조의 비이며 적극적으로 정치에 참여한 여성입니다

성은 윤씨이며 세조가 수양 대군일 때 혼인했어요.
세조가 죽고 어린 아들 예종이 왕위에 오르자 정희 왕후는 수렴청정을 했어요.
수렴청정은 드리울 수(垂), 발 렴(簾), 들을 청(聽), 정치 정(政)으로
어린 왕을 대신해 왕대비가 발 뒤에서 신하들에게 나랏일을 지시하는 거예요.
정희 왕후는 손자인 성종이 13세에 왕위에 올랐을 때에도
7년 동안이나 대신 정치를 했어요.

알쏭달쏭 바로알기

내용이 맞으면 ○표, 틀리면 X표를 하세요.

- 정희 왕후는 세종의 비입니다. (　　)
- 어린 왕을 대신해 왕대비가 정치를 하는 것을 수렴청정이라고 합니다. (　　)
- 정희 왕후는 손자인 성종을 대신해 7년간 정치를 했습니다. (　　)

역사 용어 정리하기

□□ □□는 세조의 비이며 적극적으로 정치에 참여했습니다.

신사임당

조선 시대의 여류 예술가이자 훌륭한 어머니의 표본입니다

이름은 인선이고, 사임당은 호예요. 율곡 이이의 어머니로,
자녀 교육에 남다른 노력을 기울여 훌륭한 어머니로 존경받아요.
신사임당은 그림과 글씨, 시 짓기에 뛰어났어요.
특히 풀벌레, 포도, 산수 등의 그림을 잘 그렸답니다.
섬세하고 아름다운 그림으로
우리나라 최고의 여류 화가로 꼽혀요.
지금 5만 원짜리 지폐의 인물이지요.

알쏭달쏭 바로알기

틀린 곳을 맞게 고쳐 쓰세요.

- 사임당은 신사임당의 ~~본명~~입니다. (　　　　　)
- 신사임당은 ~~이황~~의 어머니입니다. (　　　　　)
- 신사임당은 ~~노래~~와(과) 글씨, 시 짓기에 뛰어났습니다. (　　　　　)

역사 용어 정리하기

□□□□은 조선 시대의 여류 예술가이자 훌륭한 어머니의 표본입니다.

송순의 분재기

명종 때 송순이 자식들에게 재산을 나누어 준 기록입니다

조선의 양반들은 대부분 분재기를 남겼어요.
분재기는 가족이나 친척에게 나눌(분分) 재산(재財) 기록(기記)으로,
지금의 상속 문서와 비슷해요.
나누어 줄 재산에는 논밭, 집, 노비 등이 포함되었지요.
송순의 분재기를 보면 아들과 딸에게 재산을 고르게 나누어 준 것을 알 수 있어요.
기록이 아주 자세해서 140명이 넘는 노비의 이름이 다 적혀 있답니다.

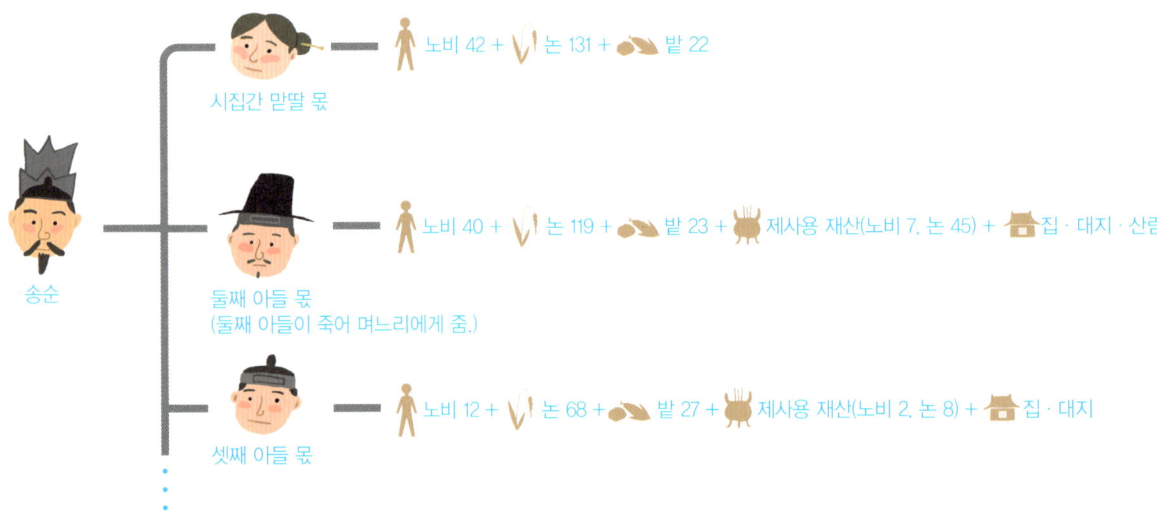

알쏭달쏭 바로알기

틀린 곳을 맞게 고쳐 쓰세요.

- 조선의 ~~노비~~들은 대부분 분재기를 썼습니다. (   )
- 분재기는 ~~권력~~을 나누어 준 기록입니다. (   )
- 분재기는 지금의 ~~혼인~~ 문서와 비슷합니다. (   )

역사 용어 정리하기

송순의 □□□는 자식들에게 재산을 나누어 준 내용을 기록한 글입니다.

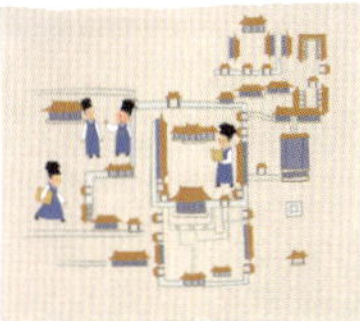

성균관

조선의 최고 교육 기관입니다

성균관은 오늘날의 국립 대학으로, 나라에서 만든 최고의 유학 교육 기관이었어요.
성균관에는 소과에 합격하거나 별도의 자격을 갖춘 사람만 입학할 수 있었어요.
성균관에 다니는 학생들은 모두 기숙사 생활을 했는데,
학비와 기숙사비, 학용품을 모두 나라에서 대 주었어요.
성균관에는 공자를 모시는 문묘, 학생들을 가르치는 강당인 명륜당,
기숙사인 동재와 서재 등의 건물이 있었어요.

알쏭달쏭 바로알기

두 단어 중 맞는 것에 ○표 하세요.

- 성균관은 오늘날의 (국립, 사립) 대학과 비슷합니다.
- (소과, 잡과)에 합격하면 성균관에 입학할 자격을 얻었습니다.
- 성균관에 다니는 학생들은 모두 (군대, 기숙사) 생활을 했습니다.

역사 용어 정리하기

조선의 최고 교육 기관은 □□□ 입니다.

國立

향교

조선 시대에 지방에 세운 국립 교육 기관입니다

향교는 오늘날의 국립 중·고등학교와 비슷해요.
보통 서당에서 공부를 마친 16세쯤의 학생이 입학했지요.
나라에서는 거의 모든 군현에 향교를 세우고 선생님도 보내 주었어요.
향교의 학생들은 군대에 가지 않아도 되었어요.
한양에는 향교 대신 4부 학당을 두었는데,
위치에 따라 중학, 동학, 서학, 남학이 있었어요.
조선 중기 이후 서원이 발달하면서
향교의 기능은 약해졌어요.

國 立
국 립

알쏭달쏭 바로알기

틀린 곳을 맞게 고쳐 쓰세요.

- 향교는 ~~한양~~에 세운 교육 기관입니다. (　　　　　)
- 향교는 오늘날의 ~~사립~~ 중·고등학교와 비슷합니다. (　　　　　)
- 한양에는 ~~3부~~ 학당이 있었습니다. (　　　　　)

역사 용어 정리하기

□□는 조선 시대에 지방에 세운 국립 교육 기관입니다.

私立

서원

조선 시대에 지방에 세운 사립 교육 기관입니다

서원은 각 지방의 사림이 세운 교육 기관이에요.
사림들은 중앙 정치에서 사화로 탄압을 받자 지방으로 내려가
선배 유학자를 기리고 인재를 키우려고 서원을 세웠어요.
최초의 서원은 주세붕이 세운 백운동 서원으로,
나중에 소수 서원으로 이름이 바뀌었지요.
나라에서 인정한 서원은 토지, 노비, 책을 받고
군대와 세금이 면제되었어요.

私立
사 립

알쏭달쏭 바로알기

틀린 곳을 맞게 고쳐 쓰세요.

- 서원은 국립 교육 기관입니다. (　　　　　)
- 최초의 서원은 주시경이 세운 백운동 서원입니다. (　　　　　)
- 백운동 서원은 도산 서원으로 이름이 바뀌었습니다. (　　　　　)

역사 용어 정리하기

□□은 조선 시대에 지방에 세운 사립 교육 기관입니다.

숭례문
종묘
사직단
훈민정음
최만리
장영실
앙부일구
자격루
측우기
혼천의
간의
칠정산
갑인자

3 문화와 과학

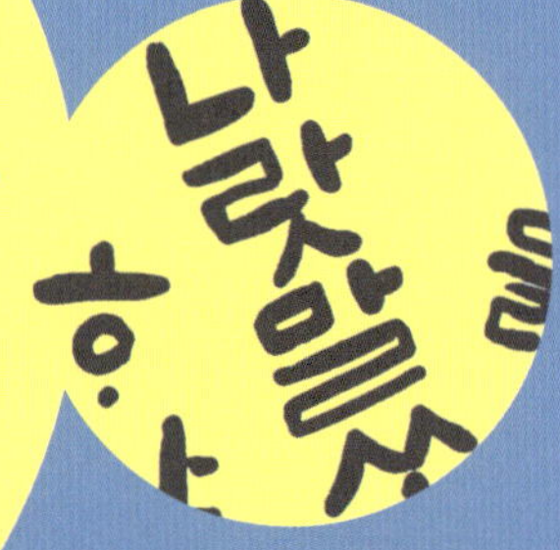

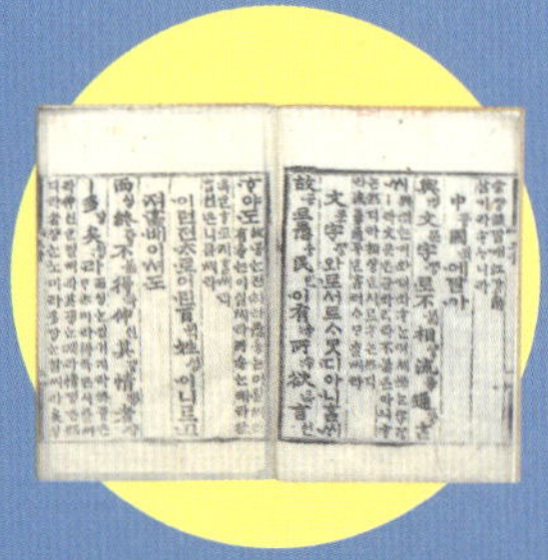

조선왕조실록
동국여지승람
동국통감
악학궤범
동의보감
세시 음식
풍어제
장승
강강술래
고싸움놀이
농요
두레
승경도놀이
고누

숭례문

조선 시대에 한양에 있던 4대문 중 남쪽 대문입니다

남대문이라고도 하며 우리나라 국보로 지정되었어요.
한양 도성의 정문이었지요.
돌로 단을 쌓고 가운데에 무지개 모양의 홍예문을 만들고
그 위에 2층으로 누각을 세웠어요.
태조 때 처음 지었는데, 조선 시대에는 숭례문 양옆으로 성벽이 이어졌지요.
2008년에 불에 탄 뒤 복구공사가 이어져 2013년에 완료되었어요.

알쏭달쏭 바로알기

틀린 곳을 맞게 고쳐 쓰세요.

- 숭례문은 ~~동대문~~이라고도 합니다. (　　　　　)
- 숭례문은 ~~개경~~ 도성의 정문이었습니다. (　　　　　)
- 숭례문은 우리나라 ~~보물~~입니다. (　　　　　)

역사 용어 정리하기

□□□은 조선 시대에 한양에 있던 4대문 중 남쪽 대문입니다.

종묘

조선 시대에 왕과 왕비 들의 제사를 지낸 왕실의 사당입니다

종묘에는 역대 왕과 왕비의 위패(죽은 사람의 이름을 적은 나무패)를 모셔 놓았어요. 유교에서는 조상을 섬기는 일을 중요하게 여겨서 반드시 종묘를 두게 해요. 태조는 한양으로 도읍을 옮긴 해에 종묘를 지었답니다.

종묘에 모신 왕들에게 지내는 제사 예식을 종묘 제례라고 해요. 이때 기악 연주, 노래, 춤이 어우러진 종묘 제례악을 연주했지요.

종묘는 유네스코 세계 문화유산이고, 종묘 제례와 종묘 제례악은 세계 무형 유산이에요.

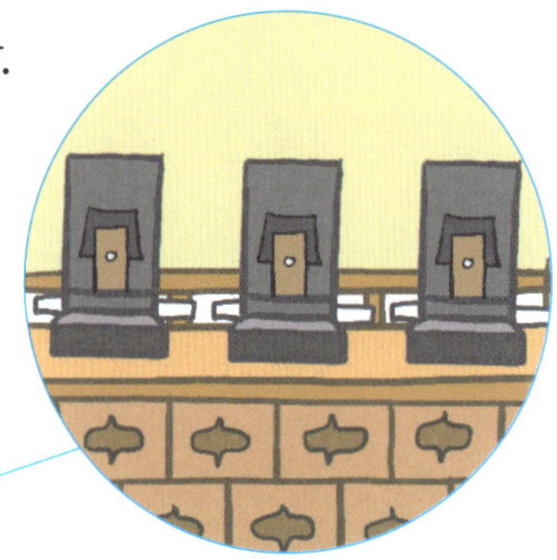

종묘에 모셔진 위패

알쏭달쏭 바로알기

틀린 곳을 맞게 고쳐 쓰세요.

- 종묘에서는 왕과 왕비의 ~~혼례~~를 지냈습니다. (　　　　　　)
- 종묘에는 역대 왕과 왕비의 ~~호패~~를 모셔 놓았습니다. (　　　　　　)
- 종묘에 모신 왕들에게 지내는 제사를 종묘 ~~관례~~라고 합니다. (　　　　　　)

역사 용어 정리하기

□□는 조선 시대에 왕과 왕비 들의 제사를 지낸 왕실의 사당입니다.

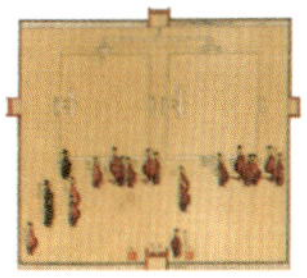

사직단

왕이 땅과 곡식의 신에게 제사를 지내던 제단입니다

사(社)는 땅의 신, 직(稷)은 곡식의 신, 단(壇)은 제단이에요.
땅과 곡식은 농사에 아주 중요해서 사직단은 종묘와 함께 국가적인 제사를 지내던 곳이에요. 태조는 유교 예법에 따라 궁궐에서 봤을 때 왼쪽에 종묘를, 오른쪽에 사직단을 두었어요.
사직단에서는 1년에 네 차례 제사를 지냈는데, 이를 사직대제라고 해요.
가뭄에 비 오기를 비는 기우제와 풍년을 비는 기곡제도 여기에서 지냈지요.
서울 사직 공원에 사직단의 터가 남아 있어요.

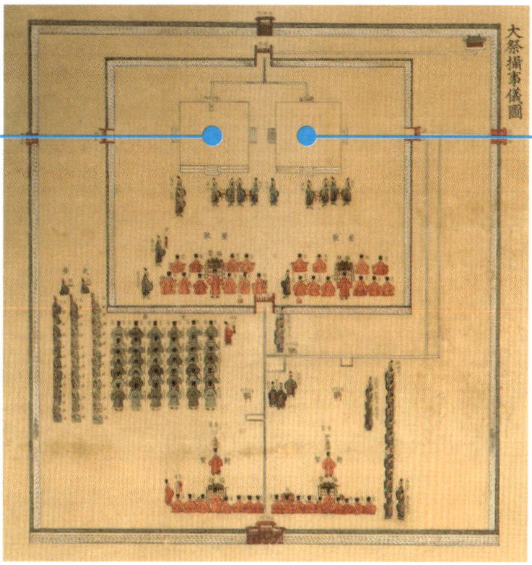

알쏭달쏭 바로알기

두 단어 중 맞는 것에 ○표 하세요.

- 사직단은 (종묘, 종루)와 함께 국가적인 제사를 지내던 곳입니다.
- 사직단에서는 땅의 신과 (하늘, 곡식)의 신에게 제사를 지냈습니다.
- 가뭄에 비 오기를 비는 (기곡제, 기우제)도 사직단에서 지냈습니다.

역사 용어 정리하기

□□□은 왕이 땅과 곡식의 신에게 제사를 지내던 제단입니다.

나랏말ᄊᆞ미

훈민정음

세종이 만든 우리나라 글자입니다

세종은 우리글을 만들고 훈민정음이라고 이름을 붙였어요. 백성을 가르치는(훈민訓民), 바른 소리(정음正音)라는 뜻이지요. 그전까지는 중국의 한자를 뜻만 빌려 썼는데 여러모로 어려움이 많았어요. 세종은 1443년에 훈민정음 28자를 만들고, 1446년에 온 나라에 이를 알렸어요. 한글이라고 처음 이름 지은 사람은 주시경이에요.

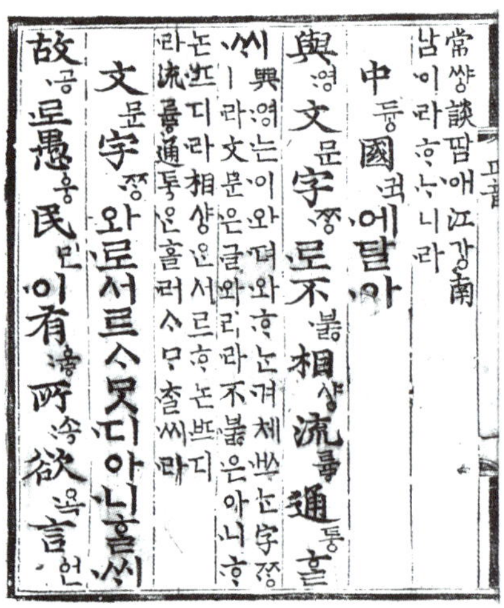

훈민정음 28자

자음 (17자)
ㄱ ㅋ ㆁ ㄷ ㅌ ㄴ ㅂ ㅍ ㅁ
ㅈ ㅊ ㅅ ㆆ ㅎ ㅇ ㄹ ㅿ

모음 (11자)
ㆍ ㅡ ㅣ ㅗ ㅏ ㅜ ㅓ
ㅛ ㅑ ㅠ ㅕ

지금은 사용하지 않는 글자 (4자)			
ㆆ	ㅿ	ㆁ	ㆍ
여린히읗	반시옷	옛이응	아래아

알쏭달쏭 바로알기

틀린 곳을 맞게 고쳐 쓰세요.

- 세종은 훈민정음 ~~26자~~를 만들었습니다. (   )
- 세종은 ~~1546~~년에 훈민정음을 온 나라에 알렸습니다. (   )
- 한글이라고 처음 이름 지은 사람은 ~~주세붕~~입니다. (   )

역사 용어 정리하기

□□□□은 세종이 만든 우리나라 글자입니다.

최만리

훈민정음을 반대한 세종 때의 학자입니다

세종이 훈민정음을 만들자, 많은 신하들이 반대했어요.
최만리는 훈민정음 반포에 반대하는 상소를 올렸지요.
이미 한자를 쓰고 있는데 새 글자를 만들 필요가 없으며,
한자가 아닌 다른 글자를 사용하는 것은 오랑캐와 같다고 했어요.
또 쉬운 새 글자를 쓰다 보면 한자를 쓰지 않게 되고
중국의 예법도 모르게 될 거라고 걱정했어요.

알쏭달쏭 바로알기

틀린 곳을 맞게 고쳐 쓰세요.

- 최만리는 경국대전 반포에 반대했습니다. (　　　　　)
- 최만리는 훈민정음 반포에 반대하는 의궤를 올렸습니다. (　　　　　)
- 최만리는 영어가 있으니 새 글자는 필요 없다고 주장했습니다. (　　　　　)

역사 용어 정리하기

세종 때의 학자인 □□□는 훈민정음 반포에 반대했습니다.

장영실

세종 때의 과학자입니다

장영실은 관청에 소속된 기생의 아들로 천민 신분이었어요.
하지만 과학적 재능을 인정받아 태종 때부터 궁궐에서 기술자로 일했지요.
그 뒤 세종의 신임을 얻어 중국으로 유학을 가서 천문 기구를 공부하고 돌아왔어요.
장영실은 혼천의와 간의, 자격루, 앙부일구, 금속 활자인 갑인자 등을 만들어
과학 기술을 발전시켰어요.

알쏭달쏭 바로알기

내용이 맞으면 ○표, 틀리면 X표를 하세요.

- 장영실은 원래 양반이었습니다. ( )
- 장영실은 일본으로 유학을 가서 천문 기구를 공부했습니다. ( )
- 장영실은 혼천의, 간의, 자격루 등을 만들었습니다. ( )

역사 용어 정리하기

□□□은 세종 때의 과학자로 간의, 자격루, 앙부일구 등을 만들었습니다.

앙부일구

가마솥 모양의 조선 시대 해시계입니다

앙부는 하늘을 우러러보는(앙仰) 모양의 가마솥(부釜),
일구는 해(일日)의 그림자(구晷), 즉 해시계를 말해요.
솥 안쪽에 세로줄과 가로줄을 긋고 침을 세워
햇빛에 따라 변하는 침의 그림자로 시각과 절기를 나타냈지요.
세종 때 장영실이 처음 만든 앙부일구는
백성들이 다니는 큰길에 두어 공중 시계 역할을 했지만 없어졌어요.
몇 백 년 뒤 비슷한 원리로 만든 앙부일구가 남아 있어요.

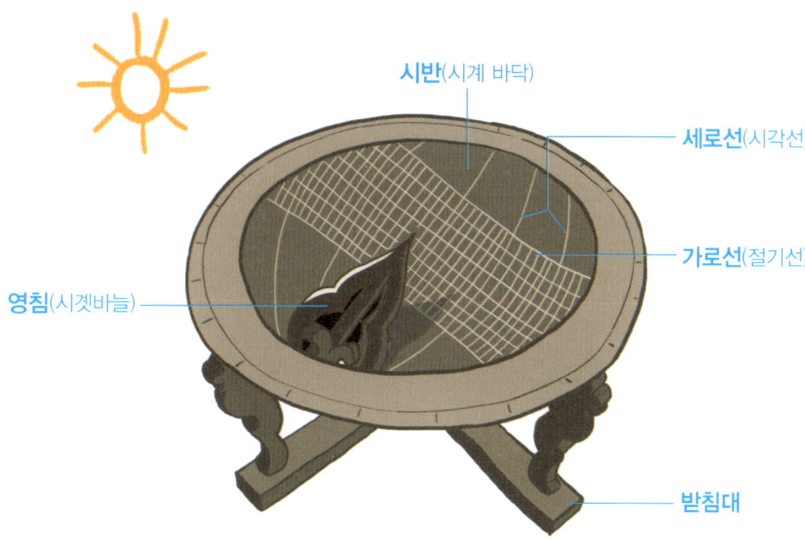

알쏭달쏭 바로알기

틀린 곳을 맞게 고쳐 쓰세요.

- 앙부일구는 ~~호리병~~ 모양입니다. (   )
- 일구는 ~~물시계~~를 말합니다. (   )
- 앙부일구는 ~~별빛~~을 받은 침의 그림자로 시각을 나타냈습니다. (   )

역사 용어 정리하기

□□□□는 가마솥 모양을 한 조선 시대의 해시계입니다.

자격루

자동 알림 장치가 있는 조선 시대 물시계입니다

자격루는 '스스로(자自) 치는(격擊) 물시계(루漏)'라는 뜻이에요.
시간에 따라 변하는 물의 양이 자동으로 종, 북, 징을 울려 시각을 알렸지요.
물시계는 삼국 시대부터 있었고, 해시계와 달리 흐린 날이나 밤에도 쓸 수 있었어요.
하지만 늘 사람이 지켜봐야 했는데, 자격루는 그런 불편함을 덜어 주었지요.
세종 때 장영실 등이 처음 만든 자격루는 없어지고,
중종 때 개량해서 만든 것의 일부가 남아 있어요.

종, 북, 징을 치는 인형

장영실이 만든 자격루의 복원품

종을 치는 순간 튀어나와 시각을 알리는 12지 인형

알쏭달쏭 바로알기

틀린 곳을 맞게 고쳐 쓰세요.

- 자격루는 자동 알림 장치가 있는 ~~해시계~~입니다. (   )
- 자격루는 ~~빛~~의 흐름을 이용해 시간을 알려 줍니다. (   )
- 자격루는 세종 때 ~~최무선~~이 처음 만들었습니다. (   )

역사 용어 정리하기

□□□는 자동 알림 장치가 있는 조선 시대 물시계입니다.

측우기

비의 양을 재는 조선 시대 기구입니다

세종 때 농사일에 대비하고자 만들었는데, 다른 나라보다 200년이나 앞선 것이에요.
그전까지는 비 온 뒤 젖은 흙의 깊이를 재었는데 비의 양을 정확히 잴 수 없었어요.
세종은 측우기를 전국에 설치하고 비의 양을 재어 보고하도록 했어요.
돌로 만든 측우대에 둥근 통 모양의 측우기를 올려놓고,
눈금자로 통 안에 고인 빗물의 양을 잿지요.
세종 때 만든 측우기는 없어지고 1800년대에 만든 것이 남아 있어요.

측우기 발명 이전에 비의 양을 재던 방법

측우기로 비의 양을 재는 방법

알쏭달쏭 바로알기

두 단어 중 맞는 것에 ○표 하세요.

- 측우기는 (비, 눈)의 양을 재는 기구입니다.
- (세종, 성종) 때 최초로 측우기를 만들었습니다.
- 다른 나라보다 (100년, 200년)이나 앞서 측우기를 만들었습니다.

역사 용어 정리하기

세종 때 세계 최초로 비의 양을 재는 기구인 ☐☐☐를 만들었습니다.

혼천의

별을 관측한 천문 기구입니다

혼천(渾天)은 우주를 뜻하고, 의(儀)는 천문 기구를 일컬을 때 주로 쓴 말이에요.
동양에서는 오래전부터 우주 관측기구인 혼천의를 만들었지요.
세종 때 옛 자료를 참조해 장영실, 이천 등이 혼천의를 만들었다는 기록이 있어요.
하늘의 모양을 본떠 만들어 별의 움직임, 계절과 시간의 변화를 측정하도록 했지요.
현종 때에는 혼천의와 시계 장치를 톱니바퀴로 연결한 혼천시계를 만들었어요.

알쏭달쏭 바로알기

틀린 곳을 맞게 고쳐 쓰세요.

- 훈천은 우주를 뜻하는 말입니다. (   )
- 세종 때 장보고, 이천 등이 혼천의를 만들었습니다. (   )
- 혼천의는 땅의 모양을 본떠 만들었습니다. (   )

역사 용어 정리하기

□□□는 별을 관측한 천문 기구입니다.

간의

혼천의와 더불어 별을 관측한 천문 기구입니다

간의는 혼천의의 구조를 간소하게 해서 관측하기에 편하도록 만든 기구예요.
그래서 간편할 간(簡) 자를 써서 간의라는 이름이 붙었지요.
중국 원나라 때 처음 만들어졌는데, 세종은 우리나라에서도 간의를 만들게 했어요.
경복궁 안에 천문대인 간의대를 만들고 간의를 설치해 별들을 관찰하게 했지요.
이로써 중국의 관측 결과가 아닌 한양의 하늘을 관찰하며
독자적인 천문학을 발달시킬 수 있었어요.

알쏭달쏭 바로알기

틀린 곳을 맞게 고쳐 쓰세요.

- 간의는 ~~자격루~~의 구조를 간소하게 해서 만들었습니다. (　　　　)
- 세종은 경복궁 안에 천문대인 ~~첨성대~~를 두었습니다. (　　　　)
- 세종 때 간의를 사용하여 ~~북경~~의 하늘을 관찰했습니다. (　　　　)

역사 용어 정리하기

□□는 혼천의의 구조를 간소하게 만든 천문 기구입니다.

칠정산

세종 때 만든 우리나라 달력 계산법 책입니다

칠정(七政)은 해, 달, 화성, 수성, 목성, 금성, 토성이에요.
칠정산은 칠정의 움직임을 계산(산算)하는 법이라는 뜻이지요.
내편과 외편이 있는데, 《칠정산 내편》은 우리나라 자료를 종합하고
중국의 달력 계산법을 참고해서 만들었어요.
한양을 기준으로 칠정의 위치를 계산할 수 있도록 했지요.
우리 실정에 잘 맞아 농사 일정을 제때 잡는 데 도움이 되었어요.
《칠정산 외편》은 아라비아의 달력을 이해하기 위한 내용이에요.

알쏭달쏭 바로알기

내용이 맞으면 ○표, 틀리면 X표를 하세요.

- 칠정은 해, 달, 지구, 수성, 목성, 금성, 토성입니다. (　　)
- 《칠정산》은 내편과 외편이 있습니다. (　　)
- 《칠정산 외편》은 중국의 달력 계산법을 연구한 것입니다. (　　)

역사 용어 정리하기

《□□□》은 세종 때 만든 우리나라 달력 계산법 책입니다.

갑인자

갑인년인 1434년에 만든 금속 활자입니다

세종의 명령에 따라 장영실, 이천 등이 만들었어요.
갑인자는 활자 개수가 총 20여만 개이며, 글자 모양이 네모반듯하고 아름다워요.
조선 최초의 금속 활자는 계미년인 1403년에 만든 계미자예요.
계미자는 밀랍으로 활자를 고정시켜 몇 장 인쇄하고 나면 활자들이 움직였어요.
이에 비해 갑인자는 활자 사이에 대나무 조각을 끼워 넣어서
활자들이 움직이지 않아 한 번에 많이 찍을 수 있었지요.

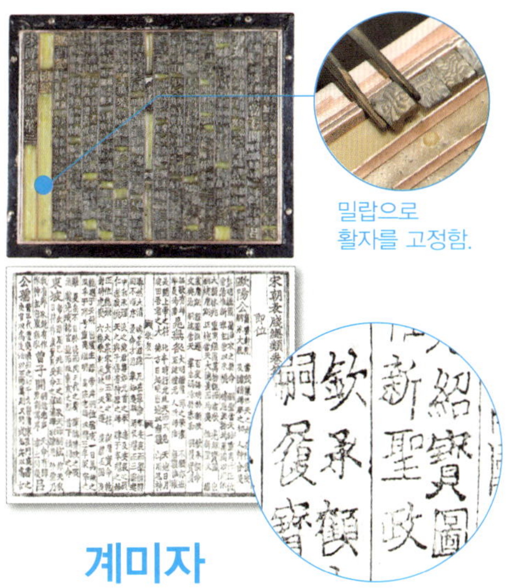

계미자

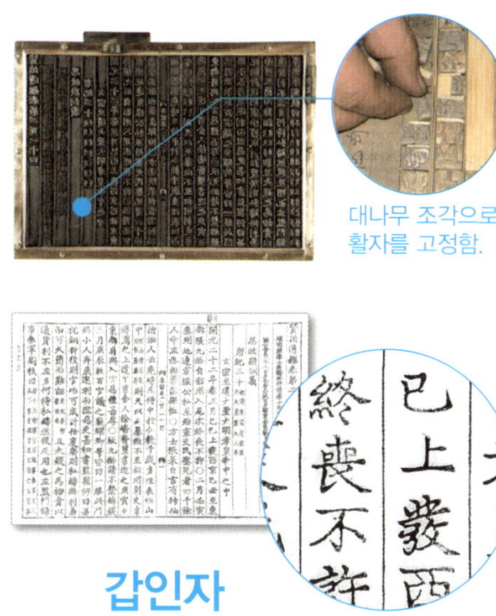

갑인자

알쏭달쏭 바로알기

틀린 곳을 맞게 고쳐 쓰세요.

- ~~개미자~~는 조선 최초의 금속 활자입니다. (   )
- 갑인자는 ~~성종~~ 때 장영실, 이천 등이 만들었습니다. (   )
- 갑인자는 활자 사이에 ~~밀랍~~을 끼워 넣었습니다. (   )

역사 용어 정리하기

□□□는 갑인년인 1434년에 만든 금속 활자입니다.

조선왕조실록

조선의 역사를 왕별로 기록한 역사책입니다

옛 사람들은 앞 시대의 역사를 나라에서 직접 기록해 후대에 남겼어요. 《조선왕조실록》은 왕이 죽은 뒤에 사관의 기록 등을 바탕으로 만들었어요. 태조부터 철종까지 25대 472년간의 역사가 1,707권 1,187책(정족산본)에 담겨 있지요. 《태조실록》, 《세종실록》 이렇게 왕별로 묶여 있고, 시간 순서대로 기록되었어요. 고종과 순종의 실록은 일제가 왜곡을 많이 해서 《조선왕조실록》에 넣지 않아요. 국보이며 유네스코 세계 기록 유산이에요.

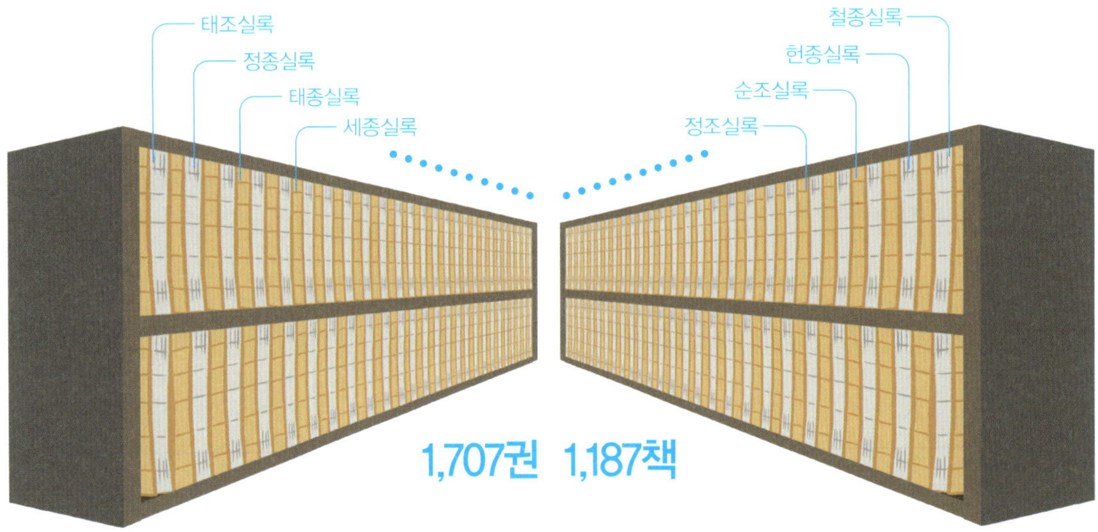

알쏭달쏭 바로알기

틀린 곳을 맞게 고쳐 쓰세요.

- 《조선왕조실록》은 조선의 노래를 왕별로 기록했습니다. (　　　　　)
- 《조선왕조실록》은 태종부터 철종까지의 역사를 담고 있습니다. (　　　　　)
- 실록은 환관의 기록을 바탕으로 만들었습니다. (　　　　　)

역사 용어 정리하기

《□□□□□□》은 조선의 역사를 왕별로 기록한 역사책입니다.

동국여지승람

성종 때 펴낸 종합 지리책입니다

동국(東國)은 중국 동쪽에 있는 우리나라, 여지(輿地)는 땅, 승람(勝覽)은 모두 볼 수 있게 한다는 뜻이에요.
《동국여지승람》은 각 도의 지리뿐만 아니라 풍속, 인물 등도 자세히 기록한 종합 지리책이랍니다.
나라를 다스리는 데 필요한 지리 정보를 얻고자 만들었지요.
중종 때 모자란 내용을 새로 보탠 《신증동국여지승람》을 펴냈어요.

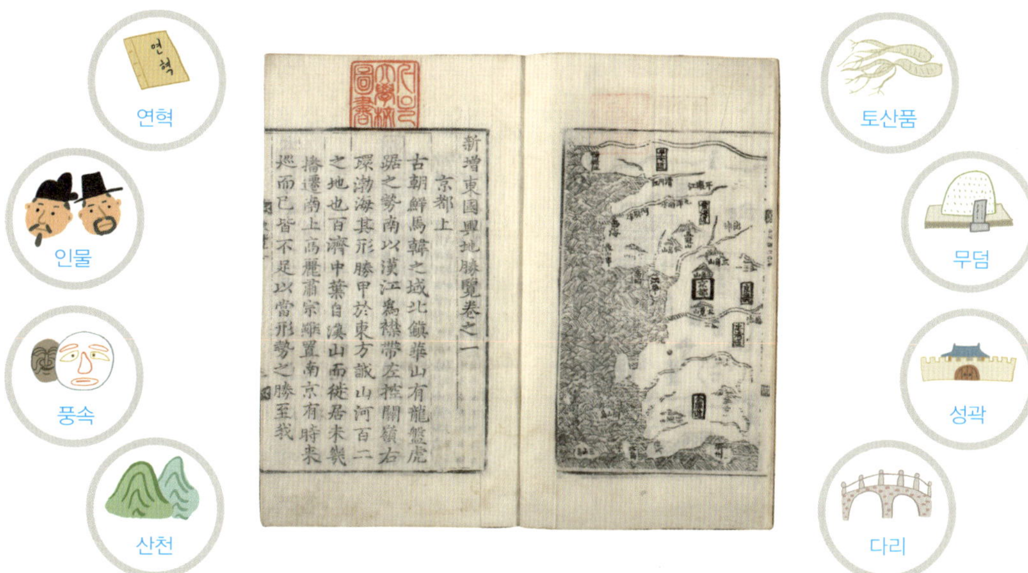

알쏭달쏭 바로알기

두 단어 중 맞는 것에 ○표 하세요.

- 《동국여지승람》은 성종 때 펴낸 (역사책, 지리책)입니다.
- 동국은 (우리나라, 인도)를 가리키는 말입니다.
- 중종 때 내용을 보충하여 《(신판, 신증)동국여지승람》을 펴냈습니다.

역사 용어 정리하기

《□□□□□□》은 성종 때 펴낸 종합 지리책입니다.

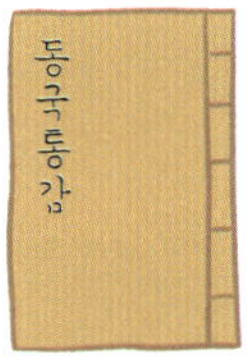

동국통감

성종 때 펴낸 역사책입니다

'통감'은 중국의 역사책 《자치통감》에서 따왔는데, 여러 대를 통해(통通) 거울(감鑑)이 된다는 뜻으로 역사의 중요성을 강조한 말이에요.

《동국통감》은 단군 조선부터 고려까지의 역사를 최초로 전부 다루었어요. 단군 조선부터 삼한까지는 자료가 부족해서 앞부분에 부록처럼 넣고, 삼국기, 신라기, 고려기 순으로 되어 있어요. 신화와 전설은 넣지 않고, 왕과 신하의 관계 등 교훈적인 내용을 주로 다루었어요.

알쏭달쏭 바로알기

틀린 곳을 맞게 고쳐 쓰세요.

- '통감'은 경제의 중요성을 강조한 말입니다. (   )
- 《동국통감》은 단군 조선부터 조선까지의 역사를 다루었습니다. (   )
- 《동국통감》은 삼국기, 발해기, 고려기 순으로 되어 있습니다. (   )

역사 용어 정리하기

《□□□□》은 성종 때 펴낸 역사책입니다.

악학궤범

악학궤범

성종 때 펴낸 음악책입니다

유교에서는 사회의 조화와 질서를 위해 음악이 아주 중요하다고 여겨요.
악학은 음악을 학문으로까지 존중하는 것이지요.
《악학궤범》은 음악 연구의 모범(궤범軌範)이라는 뜻으로,
조선 전기의 음악을 총정리했어요.
음악의 원리와 역사에다 악기, 연주법, 춤, 의상과 소도구까지
글과 그림으로 자세히 기록해서 그대로 따라할 수 있을 정도예요.

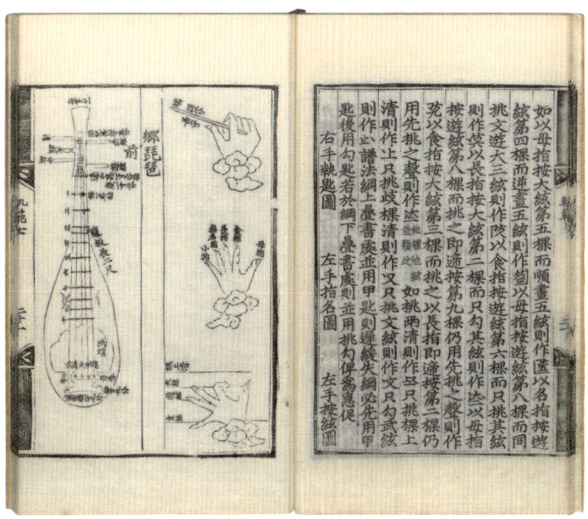

알쏭달쏭 바로알기

틀린 곳을 맞게 고쳐 쓰세요.

- 《악학궤범》은 성종 때 만든 미술책입니다. (   )
- 《악학궤범》은 조선 후기의 음악을 총정리했습니다. (   )
- 《악학궤범》은 악기, 춤 등을 글과 사진으로 정리했습니다. (   )

역사 용어 정리하기

《□□□□》은 성종 때 펴낸 음악책입니다.

동의보감

동의보감

광해군 때 허준이 완성한 의학책입니다

보감은 보배로운(보寶) 거울(감鑑)이란 뜻으로 본보기가 되는 귀한 책을 말해요. 어의이던 허준이 선조의 명령으로 만들기 시작해 광해군 때 완성했어요. 환자를 치료한 경험뿐만 아니라 우리나라와 중국의 의학책들을 모아 썼지요. 허준은 《동의보감》에서 분야별로 나누어 병마다 원인과 증상, 치료법을 설명했어요. 또한 백성들이 쉽게 치료할 수 있도록 우리 땅에서 나는 약재를 많이 소개했답니다. 《동의보감》은 내용이 우수하고 세계 최초의 공중 보건 의학책이어서 유네스코 세계 기록 유산으로 지정되었어요.

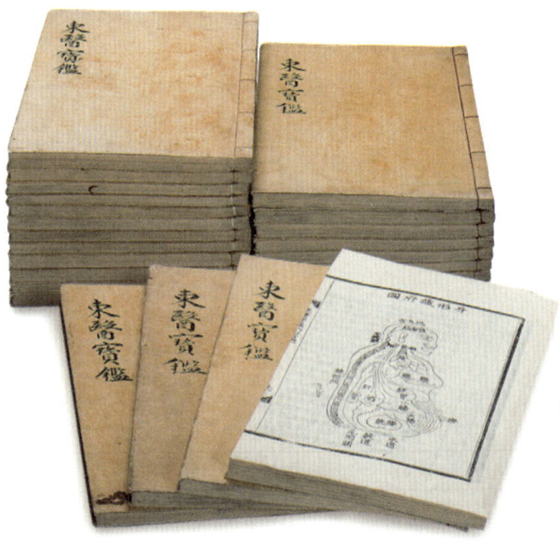

알쏭달쏭 바로알기

내용이 맞으면 ○표, 틀리면 X표를 하세요.

- 《동의보감》은 허준이 쓴 책입니다. (　　)
- 《동의보감》은 우리나라와 중국의 의학책들을 모아 썼습니다. (　　)
- 《동의보감》은 중국 땅에서 나는 약재만 소개했습니다. (　　)

역사 용어 정리하기

《□□□□》은 광해군 때 허준이 완성한 의학책입니다.

세시 음식

명절이나 계절에 맞춰 먹는 음식입니다

해 세(歲), 때 시(時), 세시는 일 년 중에 찾아오는 제때라는 뜻이에요.
조선 시대 사람들은 계절에 따른 특별한 날이나 명절 때면
그 시기에 나는 재료로 세시 음식을 만들어 먹었어요.
삼계탕은 땀을 많이 흘리는 여름철에 몸을 건강하게 하려고 먹었어요.
추석 때에는 한 해의 수확을 감사하며 햅쌀로 송편을 만들어 먹었지요.

알쏭달쏭 바로알기

틀린 곳을 맞게 고쳐 쓰세요.

- 계절에 따른 특별한 날이나 생일 때 세시 음식을 먹었습니다. (   )
- 삼계탕은 겨울에 먹는 세시 음식입니다. (   )
- 단오 때에는 송편을 먹었습니다. (   )

역사 용어 정리하기

조선 시대 사람들은 명절이나 계절에 맞춰 □□ □□을 먹었습니다.

풍어제

어촌에서 물고기가 많이 잡히기를 비는 마을 제사입니다

풍성할 풍(豊), 고기잡을 어(漁), 제사 제(祭), 풍어제는 물고기를 무사히 많이 잡아야 하는 바닷가 마을에서 이루어져요.
엄격한 유교식 제사와 달리 굿도 하고 온 마을 사람이 함께하는 축제 같답니다.
조선 시대 사람들은 어촌을 비롯해 마을마다 마을 제사를 지냈어요.
해마다 마을신에게 마을의 평안과 풍성한 수확을 빌며 제사를 지냈지요.
주로 음력 1월에 하며 산신에게 하는 산신제, 탑신에게 하는 탑신제 등이 있어요.

알쏭달쏭 바로알기

틀린 곳을 맞게 고쳐 쓰세요.

- 풍어제는 ~~농촌~~에서 지내는 마을 제사입니다. (   )
- 마을 제사는 주로 음력 ~~4월~~에 지냈습니다. (   )
- 산신에게 제사 지내는 마을 제사는 ~~탑신제~~입니다. (   )

역사 용어 정리하기

□□□는 어촌에서 물고기가 많이 잡히기를 비는 마을 제사입니다.

장승

마을 입구에 세운 사람 얼굴 모양의 기둥입니다

장승은 전염병이나 귀신을 쫓아내려고 세웠는데,
돌이나 나무에 사람 얼굴을 새겼어요.
대개 '천하대장군', '지하여장군'이라고 새긴 남녀 한 쌍으로 이루어졌지요.
또 풍년을 빌며 마을 입구에 솟대를 세우기도 했어요.
솟대는 꼭대기에 나무로 만든 새를 붙인 장대예요.
장승과 솟대는 마을을 지키는 수호신이자
마을의 경계를 나타냈어요.

알쏭달쏭 바로알기

두 단어 중 맞는 것에 ○표 하세요.

- 장승은 (사람, 동물) 얼굴을 새긴 나무나 돌기둥입니다.
- 장승은 (천상, 천하)대장군과 지하여장군 한 쌍으로 이루어집니다.
- 솟대는 꼭대기에 나무로 만든 (쥐, 새)를 붙인 장대입니다.

역사 용어 정리하기

□□은 마을 입구에 세운 사람 얼굴 모양의 기둥입니다.

강강술래

여럿이 손을 잡고 돌면서 춤과 노래를 하는 민속놀이입니다

주로 전라남도 해안 지방에서
정월 대보름이나 추석 때 했어요.
노래에 강강술래라는 후렴이 붙어 있지요.
임진왜란 때 이순신 장군이
우리 군사의 수가 많은 것처럼 보이려고
부녀자들을 병사로 가장시켜
원을 그리며 돌게 한 데서 유래한 놀이라고 해요.
하지만 오랜 옛날부터 행해졌다는 의견도 있어요.
유네스코 세계 무형 유산이에요.

알쏭달쏭 바로알기

틀린 곳을 맞게 고쳐 쓰세요.

- 강강술래는 정월 대보름이나 ~~설날~~ 때 주로 했습니다. (　　　　　　)
- ~~얼씨구~~라는 후렴이 붙은 노래를 불렀습니다. (　　　　　　)
- 임진왜란 때 ~~권율~~ 장군이 전술의 하나로 썼다고 합니다. (　　　　　　)

역사 용어 정리하기

□□□□는 여럿이 손을 잡고 돌면서 춤과 노래를 하는 민속놀이입니다.

고싸움놀이

고를 서로 맞부딪쳐 승부를 겨루는 민속놀이입니다

고는 옷고름처럼 한 가닥을 길게 늘여서 둥그런 모양으로 맺은 것을 뜻해요.
고싸움놀이는 줄 머리에 고가 달린 굵은 줄을 여러 사람이 메고,
상대편 고를 짓눌러 먼저 땅에 닿게 하면 이겨요.
남자들이 집단적으로 하며, 보통
줄다리기에 앞서 고싸움놀이를 했어요.
주로 전라남도 지역에서
정월 대보름 무렵에 했는데,
특히 광주 칠석마을에서 하는
고싸움놀이가 유명하답니다.

알쏭달쏭 바로알기

틀린 곳을 맞게 고쳐 쓰세요.

- 고싸움놀이는 상대편 ~~기~~를 먼저 땅에 닿게 하면 이깁니다. (　　　　)
- 고싸움놀이는 ~~여자~~들이 집단적으로 하는 놀이입니다. (　　　　)
- 보통 ~~강강술래~~에 앞서 고싸움놀이를 했습니다. (　　　　)

역사 용어 정리하기

□□□□□는 고를 서로 맞부딪쳐 승부를 겨루는 민속놀이입니다.

농요

농사일을 하면서 부르는 노래입니다

힘든 농사일을 즐겁게 하기 위해 여럿이 함께 농요를 불렀어요.
대개 목청 좋은 앞소리꾼이 먼저 노랫말을 메기면
나머지 사람들이 뒷소리를 받는 식으로 불렀지요.
농요는 주로 농사에 관한 내용을 담고 있어요.
모를 심으면서 부르는 모심기 소리, 벼를 베면서 부르는 벼 베는 소리,
방아를 찧을 때 부르는 방아 타령 등이 있답니다.

알쏭달쏭 바로알기

내용이 맞으면 ○표, 틀리면 X표를 하세요.

- 힘든 농사일을 즐겁게 하기 위해 농요를 불렀습니다. (　　)
- 농요는 여럿이 함께 불렀습니다. (　　)
- 농요는 주로 사랑에 관한 내용을 담고 있습니다. (　　)

역사 용어 정리하기

□□는 농사일을 하면서 부르는 노래입니다.

두레

공동으로 일을 하려고 마을마다 만든 조직입니다

농민들은 농번기에 모내기, 물 대기, 김매기, 벼 베기, 타작 등
많은 사람이 한꺼번에 붙어서 해야 하는 농사일을 두레를 통해 함께 했어요.
농사뿐만 아니라 공동 노동이 필요한 일이면 두레를 통해 하지요.
줄다리기, 고싸움놀이 등의 오락에서도 두레가 큰 몫을 해요.
한편 일손이 부족할 때 도움을 받고 일로 갚는 것은 품앗이라고 해요.
마음 맞는 사람끼리 서로의 일을 번갈아 가며 같이했지요.

알쏭달쏭 바로알기

틀린 곳을 맞게 고쳐 쓰세요.

- 두레는 학교마다 만든 조직입니다. (   )
- 농민들은 농한기에 농사일을 두레를 통해 했습니다. (   )
- 서로 일을 도와주고 일로 갚는 것을 추임새라고 합니다. (   )

역사 용어 정리하기

□□는 공동으로 일을 하려고 마을마다 만든 조직입니다.

승경도놀이

벼슬 이름을 적은 승경도를 가지고 즐기는 놀이입니다

조선 시대에는 신분에 따라 즐기는 놀이가 달랐어요.
승경도놀이는 양반들이 즐기던 놀이예요.
승경도는 종이에 벼슬의 종류와 품계를 차례대로 적은 도표예요.
승경도놀이를 하면서 관직의 종류와 등급을 익히고
벼슬에 오르는 꿈을 꾸었지요.
1~5까지 숫자를 새긴 승경도알을 굴려
나온 숫자에 따라 말을 움직여,
최고 벼슬에 먼저 이르면 이겼어요.

알쏭달쏭 바로알기

틀린 곳을 맞게 고쳐 쓰세요.

- 승경도놀이는 ~~천민~~들이 즐기던 놀이입니다. (　　　　　)
- 승경도는 ~~동물~~ 이름을 적은 도표입니다. (　　　　　)
- ~~최하~~ 벼슬에 먼저 이르면 이겼습니다. (　　　　　)

역사 용어 정리하기

□□□□□는 벼슬 이름을 적은 승경도를 가지고 즐기는 놀이입니다.

고누

말판 위에서 상대 말을 잡거나 가두어 승부를 겨루는 놀이입니다

고누는 조선 시대에 상민들이 즐기던 놀이예요.
땅이나 종이 위에 말판을 그려 놓고,
상대 말을 많이 따먹거나 가두어서 움직이지 못하게 하면 이기지요.
바둑이나 장기와 비슷한데 더 간단하고 시간도 짧게 걸려요.
언제 어디서든 할 수 있지만, 주로 여름철에 많이 했어요.
고누는 말판 모양에 따라
놀이 방법이 조금씩 달라요.

알쏭달쏭 바로알기

두 단어 중 맞는 것에 ○표 하세요.

- 고누는 조선 시대에 (양반, 상민)들이 즐기던 놀이입니다.
- 고누는 바둑이나 (장기, 화투)와 비슷한데 더 간단합니다.
- 고누는 주로 (여름, 겨울)철에 많이 했습니다.

역사 용어 정리하기

☐☐는 말판 위에서 상대 말을 잡거나 가두어서 승부를 겨루는 놀이입니다.

4군 6진
이종무
임진왜란
황윤길
이순신
거북선
비격진천뢰
의병
곽재우
한산도 대첩
진주 대첩

4

대외 관계

행주 대첩
정유재란
이삼평
통신사
청
광해군
인조반정
정묘호란
병자호란
남한산성
북학론
북벌론

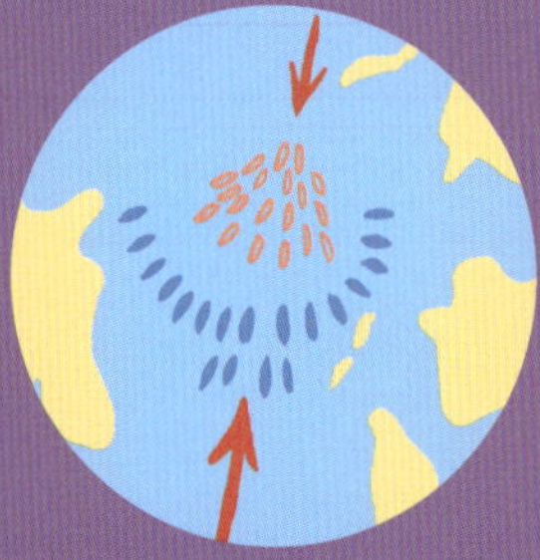

4군 6진

세종 때 여진족을 몰아내고 설치한 행정 구역입니다

군은 도 밑의 행정 구역이고, 진은 군사적으로 중요한 곳에 둔 특별 행정 구역이에요.
조선 초까지 우리나라 북쪽은 영토가 불분명했고, 여진족이 자주 침입했어요.
세종은 여진족을 몰아내고 영토를 넓히고자 했지요.
세종의 명령을 받아 최윤덕이 압록강 근처에 4개의 군을 만들었고,
김종서는 두만강 근처의 6곳에 진을 세웠어요.
4군과 6진이 만들어지면서 우리나라는 지금과 비슷한 국경선이 정해졌어요.

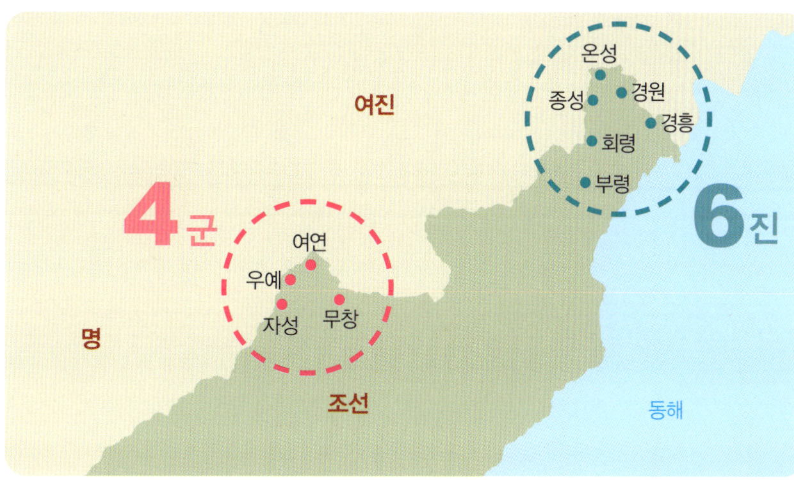

알쏭달쏭 바로알기

틀린 곳을 맞게 고쳐 쓰세요.

- 군사상 중요한 곳에 둔 특별 행정 구역을 ~~군~~이라고 합니다. (　　　　　)
- 조선 초에는 북쪽의 ~~거란족~~이 자주 침입했습니다. (　　　　　)
- 최윤덕은 압록강 근처에 ~~6진~~을 세웠습니다. (　　　　　)

역사 용어 정리하기

☐☐ ☐☐은 세종 때 여진족을 몰아내고 설치한 행정 구역입니다.

이종무

세종 때 왜구의 소굴인 쓰시마섬을 친 장군입니다

쓰시마 섬은 우리나라와 일본 사이에 있는 섬인데 대마도라고도 해요.
우리나라 해안 지역을 약탈하던 일본 해적인 왜구의 소굴이었지요.
세종 때 당시 군사권을 쥐고 있던 태종이 이종무에게 쓰시마섬을 치라고 했어요.
이종무는 함선 227척과 군사 1만 7천 명을 이끌고 쓰시마섬을 쳐서
쓰시마 영주에게서 다시는 조선을 침입하지 않겠다는 항복을 받아 냈어요.

알쏭달쏭 바로알기

틀린 곳을 맞게 고쳐 쓰세요.

- 세조 때 이종무 장군이 쓰시마섬을 쳤습니다. (   )
- 쓰시마섬은 마라도라고도 합니다. (   )
- 쓰시마섬은 일본 해적인 홍건적의 소굴이었습니다. (   )

역사 용어 정리하기

세종 때 □□□ 장군은 왜구의 소굴인 쓰시마섬을 정벌했습니다.

임진왜란

일본의 두 차례에 걸친 침입으로 7년 동안 벌어진 전쟁입니다

임진년인 1592년의 침입은 임진왜란,
정유년인 1597년의 침입은 정유재란이라고 해요.
보통 이 둘을 합쳐 임진왜란이라고 하지요.
일본을 통일한 도요토미 히데요시는
명나라를 치려 하니 길을 내어 달라며
군사 20만 명을 보내 조선을 침략했어요.
선조는 한양을 버리고 의주로 피난했고,
명나라에 지원군을 부탁했어요.
조선은 이순신이 이끄는 수군과
의병 등의 활약으로 일본군을 물리쳤어요.

	연월일	사건
임진년	1592. 4. 13.	일본군 침략
	1592. 4. 14.	부산진성 함락
	1592. 4. 22.	곽재우, 경상도에서 의병 일으킴
	1592. 4. 28.	충주 탄금대 전투 패배
	1592. 4. 30.	선조, 피난길에 오름
	1592. 5. 3.	한양 함락
	1592. 5. 7.	옥포 해전
	1592. 6. 15.	평양 함락
	1592. 7. 8.	한산도 대첩
	1592. 10. 5.	진주 대첩
	1592. 12.	명나라군 참전
	1593. 2. 12.	행주 대첩
	1593. 4.	명나라와 일본, 강화 회담 시작
정유년	1597. 1.	일본군 다시 침략
	1597. 9. 16.	명량 대첩
	1598. 11. 19.	노량 해전을 끝으로 전쟁 승리

알쏭달쏭 바로알기

두 단어 중 맞는 것에 ○표 하세요.

- 임진왜란은 (중국, 일본)이 조선을 침입해 일어난 전쟁입니다.
- (도요토미 히데요시, 도쿠가와 이에야스)는 군사를 보내 조선을 침략했습니다.
- 선조는 한양을 버리고 (경주, 의주)로 피난했습니다.

역사 용어 정리하기

□□□□은 일본의 두 차례에 걸친 침입으로 7년 동안 벌어진 전쟁입니다.

황윤길

통신사로 일본에 다녀와 침략 대비를 주장한 정치가입니다

1590년에 선조는 일본의 수상한 움직임을 파악하려고 통신사를 보냈어요.
병조참판을 지낸 황윤길은 통신사의 책임자였지요.
황윤길은 일본에 다녀온 뒤 전쟁에 대비해야 한다고 보고했어요.
통신사 부책임자였던 김성일은 일본이 침략하지 않을 것이라고 보고했답니다.
황윤길은 서인이고 김성일은 동인인데, 두 세력은 정세를 보는 눈이 달랐어요.
선조는 김성일의 보고를 따랐고, 아무런 준비 없이 임진왜란을 맞게 되었지요.

알쏭달쏭 바로알기

틀린 곳을 맞게 고쳐 쓰세요.

- 선조는 ~~중국~~의 움직임을 살피려고 통신사를 보냈습니다. (   )
- 선조의 명에 따라 통신사로 간 사람은 ~~황석영~~, 김성일입니다. (   )
- 통신사로 다녀온 ~~김성일~~은 일본이 침략할 것이라 보고했습니다. (   )

역사용어 정리하기

□□□은 통신사로 일본에 다녀와 일본의 침략에 대비할 것을 주장했습니다.

이순신

임진왜란 때 일본군을 물리치는 데 큰 공을 세운 장군입니다

임진왜란 1년 전에 전라좌도 수군절도사가 되어
전쟁에 대비해 전투용 배를 만들고 군대를 훈련시켰어요.
임진왜란 초기에 한산도 등지에서 크게 승리해 수군의 최고 지휘관이 되었지요.
하지만 모함을 받아 감옥에 갇혔다가 풀려나 일반 병사가 되어 싸웠어요.
다시 수군 최고 지휘관이 된 뒤
명량에서 일본군과 싸워 크게 이겼어요.
1598년 11월, 물러나는 일본군을
노량에서 무찌르다 총탄에 맞아 전사했어요.

알쏭달쏭 바로알기

틀린 곳을 맞게 고쳐 쓰세요.

- 이순신은 병자호란 초기에 한산도 등지에서 크게 승리했습니다. (　　　　　)
- 이순신은 한산도, 명량 등에서 일본군에게 이겼습니다. (　　　　　)
- 이순신은 일본군을 무찌르다 옥포에서 전사했습니다. (　　　　　)

역사 용어 정리하기

□□□은 임진왜란 때 일본군을 물리치는 데 큰 공을 세운 장군입니다.

거북선

임진왜란 때 사용한 거북 모양의 전투용 배입니다

거북선은 조선 초에 있었는데, 임진왜란 전에 이순신이 다시 만들게 했어요.
전체 모양은 거북 같고, 머리는 용 모양이에요.
등에는 쇠못이나 창칼을 박아 적이 배에 오르지 못하게 했답니다.
용머리와 배의 앞뒤, 양옆에 화포를 쏘는 구멍이 있어요.
거북선은 단단한 선체로 일본군의 배를 깨며 나아갔어요.
사천 해전에 처음 쓰였으며, 임진왜란 때 활약했어요.

알쏭달쏭 바로알기

내용이 맞으면 ○표, 틀리면 X표를 하세요.

- 거북선의 앞뒤, 양옆에는 화포를 쏘는 구멍이 있습니다. (　　)
- 군사들은 거북선의 덮개 위에서 전투를 했습니다. (　　)
- 거북선은 노량 해전에 처음 쓰였습니다. (　　)

역사 용어 정리하기

□□□은 임진왜란 때 사용한 거북 모양의 전투용 배입니다.

비격진천뢰

선조 때 이장손이 발명한 폭탄입니다

임진왜란 때 여러 싸움에서 무기로 사용되었어요.
비격진천뢰는 날 비(飛), 부딪칠 격(擊), 벼락 진(震), 하늘 천(天), 우레 뢰(雷)로 '날아가 부딪치면 천둥소리를 내며 하늘을 진동시킬' 정도라는 뜻이에요.
둥근 무쇠 통 안에 화약과 쇳조각이 있고, 가운데에는 불을 일으키는 죽통이 있어요.
죽통 안에 있는 목곡에 화약선을 감는 횟수에 따라 폭발 시간을 조절할 수 있지요.
비격진천뢰를 대완구나 중완구 같은 화포에 넣고 쏘면 먼 곳에 떨어져 폭발했어요.
폭발할 때 흩어지는 쇳조각에 맞으면 죽거나 크게 다치지요.

알쏭달쏭 바로알기

틀린 곳을 맞게 고쳐 쓰세요.

- 비격진천뢰는 최무선이 만들었습니다. (　　　　　)
- 목곡에 화약선을 감는 횟수로 폭발 거리를(을) 조절했습니다. (　　　　　)
- 대완구 같은 조총에 비격진천뢰를 넣고 쏘았습니다. (　　　　　)

역사 용어 정리하기

□□□□□는 선조 때 이장손이 발명한 폭탄입니다.

의병

나라를 구하려고 백성이 스스로 만든 군대입니다

의병은 의(義)를 위해 일어난 병사(兵)라는 뜻이에요.
임진왜란 때 나라 곳곳에서 일본군과 맞서 싸웠지요.
의병은 농민이 중심이었고,
의병장은 대개 이름난 전직 관리,
유학자, 승려였어요.
의병들은 마을 지리를
잘 아는 점을 살려 싸움을 벌였어요.
적과 정면으로 맞서기보다 길목을 노리거나
숨어서 치는 식으로 싸웠지요.
의병은 조선 관군이 계속 지던
전쟁 흐름을 뒤집는 데
큰 역할을 했어요.

알쏭달쏭 바로알기

틀린 곳을 맞게 고쳐 쓰세요.

- 의병은 ~~예~~를 위해 일어난 병사라는 뜻입니다. (　　　　　　)
- 의병장은 대개 전직 관리, 유학자, ~~목사~~였습니다. (　　　　　　)
- 의병들은 마을 ~~역사~~를 잘 아는 점을 살려 싸웠습니다. (　　　　　　)

역사 용어 정리하기

나라를 구하려고 백성이 스스로 만든 군대를 ☐☐이라고 합니다.

곽재우

임진왜란 때 최초로 의병을 일으킨 의병장입니다

과거에 급제했지만 왕의 뜻에 거슬린 글귀 때문에 합격이 취소되었어요.
임진왜란이 일어나자 경상도 의령에서 처음으로 의병을 일으켰어요.
자신의 전 재산을 털어 의병을 모집했지요.
곽재우는 붉은 옷을 입고 의병을 이끌어서 홍의 장군이라고 불렸어요.
진주 대첩 때에는 의병을 보내 김시민 장군이 승리하는 데 큰 도움을 주었어요.
정유재란 때에도 다시 의병장으로 싸움에 나갔어요.

알쏭달쏭 바로알기

두 단어 중 맞는 것에 ○표 하세요.

- 곽재우는 (의령, 고창)에서 의병을 일으켰습니다.
- 곽재우는 붉은 옷을 입고 싸워 (홍의장군, 황의장군)이라고 불렸습니다.
- 곽재우는 (진주, 행주) 대첩 때 의병을 보내 승리하는 데 도움을 주었습니다.

역사 용어 정리하기

□□□는 임진왜란 때 최초로 의병을 일으킨 의병장입니다.

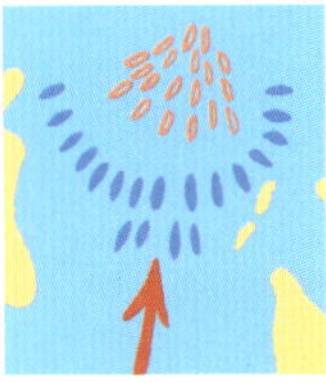

한산도 대첩

임진왜란 때 한산도 앞바다에서 일본군을 크게 이긴 싸움입니다

대첩은 크게(대大) 이긴다(첩捷)는 뜻이에요.
한산도 대첩은 진주 대첩, 행주 대첩과 함께 임진왜란 3대 대첩으로 꼽혀요.
이순신 장군은 견내량에 머물던 일본 배들을 한산도 앞바다로 유인했어요.
그러고는 학이 날개를 편 것 같은 학익진 전법으로 일본 배들을 에워싸 공격했지요.
일본 배 73척 중 59척을 깨뜨렸고, 조선 배는 단 한 척도 피해를 입지 않았어요.
이 싸움으로 일본은 남해 바다에서는 힘을 쓰지 못하게 되었어요.

1. 일본 배를 한산도 앞바다로 유인

2. 학익진 전법으로 일본 배를 공격

3. 일본 배 14척만 겨우 도주

알쏭달쏭 바로알기

틀린 곳을 맞게 고쳐 쓰세요.

- 임진왜란 3대 대첩은 한산도 대첩, 진주 대첩, 행당 대첩입니다. (   )
- 이순신 장군은 한산도 대첩에서 우백호 전법을 썼습니다. (   )
- 한산도 대첩으로 일본은 동해 바다에서 힘을 쓰지 못했습니다. (   )

역사 용어 정리하기

임진왜란 때 한산도 바다에서 일본군을 이긴 싸움은 ☐☐☐ ☐☐ 입니다.

진주 대첩

임진왜란 때 진주성에서 일본군을 크게 이긴 싸움입니다

임진왜란 3대 대첩 중의 하나예요.
진주성은 남해에서 올라온 일본군이 전라도로 가려면 거쳐야 하는 곳이에요.
일본군은 진주를 치고서 쌀이 많이 나는 전라도로 가서 식량을 마련하려고 했지요.
1592년 10월에 일본군 3만 명이 진주성을 공격했어요.
진주 목사 김시민은 성안의 군사 3,800명과 백성을 이끌고 맞서 싸웠어요.
이때 성 밖에서는 의병들이 싸움을 도왔지요.
결국 일본군은 공격 7일 만에 큰 피해를 입고 물러갔어요.

알쏭달쏭 바로알기

틀린 곳을 맞게 고쳐 쓰세요.

- 일본군은 ~~강원도~~로 가려고 진주성을 공격했습니다. (　　　　　)
- 진주 목사 ~~김시습~~이 군사를 이끌고 진주성을 지켰습니다. (　　　　　)
- 진주 대첩 때 진주성 밖에서는 ~~해병~~들이 싸움을 도왔습니다. (　　　　　)

역사 용어 정리하기

□□ □□은 임진왜란 때 진주성에서 일본군을 크게 이긴 싸움입니다.

행주 대첩

임진왜란 때 행주산성에서 일본군을 크게 이긴 싸움입니다

임진왜란 3대 대첩 중의 하나예요. 권율은 일본군이 모여 있던 한양을 되찾고자 가까운 행주산성에서 싸움 준비를 했어요. 성터만 남은 산성에 흙담을 쌓고 나무 울타리를 세우고, 무기와 식량도 준비했지요. 1593년 2월에 3만 명이 넘는 일본군이 행주산성에 쳐들어왔어요. 권율의 지휘 아래 군사와 백성들이 힘을 합쳐 일본군을 크게 이겼지요. 부녀자들은 앞치마에 돌을 날라 일본군에게 던졌는데, 여기에서 행주치마라는 이름이 나왔다고 해요.

알쏭달쏭 바로알기

내용이 맞으면 ○표, 틀리면 X표를 하세요.

- 행주 대첩은 임진왜란 3대 대첩 중의 하나입니다. ( )
- 권율은 평양을 되찾고자 행주산성에서 싸움 준비를 했습니다. ( )
- 행주 대첩 때 부녀자들은 앞치마에다 돌을 날랐습니다. ( )

역사 용어 정리하기

□□ □□은 임진왜란 때 행주산성에서 일본군을 크게 이긴 싸움입니다.

정유재란

정유년인 1597년에 일본군이 다시 쳐들어와 벌어진 전쟁입니다

일본은 임진왜란을 일으켰지만 조선의 저항이 거세었어요.
명나라의 지원군까지 와서 상황이 불리해지자 명나라에 강화 회담을 하자고 했지요.
일본은 조선의 반을 달라는 등의 요구를 했지만 받아들여지지 않았어요.
4년 가까이 끈 강화 회담이 실패하자 일본은 또다시 조선을 침략했어요.
처음 임진왜란이 일어났을 때와 달리 이번에는 조선도 대비를 하고 있었지요.
일본은 패배를 거듭하다 도요토미 히데요시가 죽자 철수했고, 전쟁은 끝났어요.

알쏭달쏭 바로알기

틀린 곳을 맞게 고쳐 쓰세요.

- 임진왜란 때 청나라는 조선에 지원군을 보냈습니다. (   )
- 정유재란은 임진년에 일어났습니다. (   )
- 정유재란 때 청나라 군대는 조선에 또다시 쳐들어왔습니다. (   )

역사 용어 정리하기

□□□□은 정유년인 1597년에 일본군이 다시 쳐들어와 벌어진 전쟁입니다.

이삼평

정유재란 때 일본에 끌려간 아리타 도자기의 시조입니다

이삼평은 충청도 지역에서 도자기를 만들던 도공이었어요.
정유재란 때 가족과 함께 포로가 되어 일본 사가현 아리타에 끌려갔지요.
아리타에서 백자의 원료가 되는 흙을 발견하고 도자기를 만들었어요.
이로써 일본에서 처음으로 백자가 만들어지고 도자기 기술이 크게 발전했답니다.
아리타 주민들은 이삼평을 도자기의 시조라는 뜻의 도조로 받들며,
기념비를 세우고 해마다 도조제를 열고 있어요.

알쏭달쏭 바로알기

틀린 곳을 맞게 고쳐 쓰세요.

- 이삼평은 ~~활자~~를 만들던 도공입니다. (   )
- 이삼평은 ~~쓰시마~~에서 도자기를 만들었습니다. (   )
- 아리타 주민들은 이삼평을 ~~도사~~로 받들고 있습니다. (   )

역사 용어 정리하기

□□□은 정유재란 때 일본에 끌려간 아리타 도자기의 시조입니다.

통신사

조선이 일본에 공식적으로 보낸 외교 사절입니다

조선과 일본은 서로 외교 사절을 보내고 받았어요.
통신사는 대등한 나라 사이에서 신뢰(신信)를 통하게(통通) 하는 사절이라는 의미예요.
임진왜란으로 잠시 중단되었지만
일본이 요청해 다시 통신사를 보냈지요.
통신사 일행은 수백 명이었고, 화원,
악공, 인쇄공, 의원 등도 함께 갔어요.
일본은 통신사를 성대하게 대접했지요.
통신사는 전쟁 중에 끌려간
조선인들을 데려오기도 했어요.

통신사의 행로

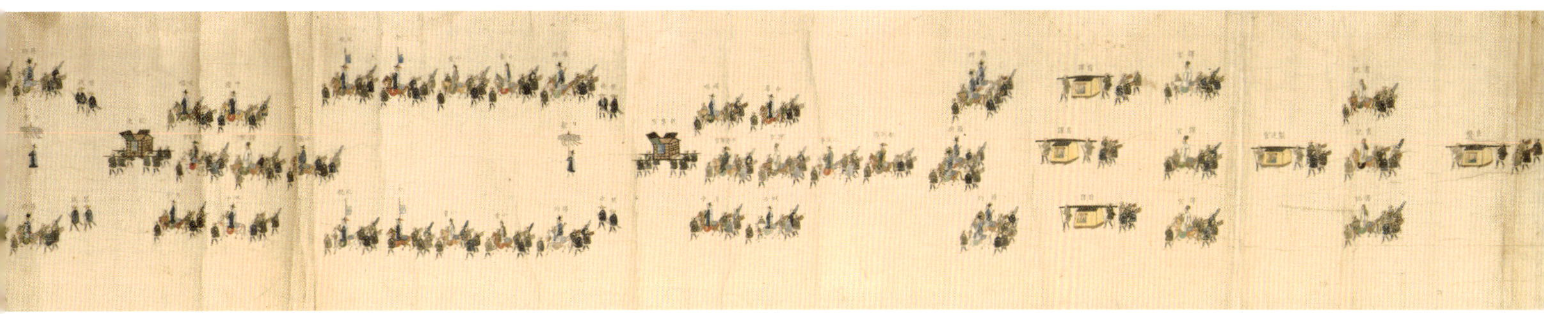
통신사 행렬도의 일부

알쏭달쏭 바로알기

두 단어 중 맞는 것에 ○표 하세요.

- 통신사는 (임진왜란, 병자호란)으로 잠시 중단되었습니다.
- (조선, 일본)의 요청으로 다시 통신사를 보냈습니다.
- 통신사 일행은 (수십, 수백) 명이었습니다.

역사 용어 정리하기

조선이 일본에 공식적으로 보낸 외교 사절은 □□□입니다.

청

만주족이 세운 나라로 중국의 마지막 왕조입니다

여진족 추장 누르하치는 여진족을 통합하고 민족 이름을 만주족으로 바꾸었어요. 누르하치는 1616년에 후금을 세웠는데, 예전에 여진족이 세웠던 금나라를 잇는다는 의미예요.
후금은 1636년에 이름을 청으로 바꾸었고, 명나라가 망하자 중국 전체를 지배했어요.
약 300년간 이어진 청나라는 신해혁명으로 멸망했어요.

알쏭달쏭 바로알기

틀린 곳을 맞게 고쳐 쓰세요.

- 누르하치는 ~~거란족~~을 통합했습니다. (   )
- 후금은 나라 이름을 ~~당~~으로 바꾸었습니다. (   )
- 청나라는 ~~원나라~~가 망하자 중국 전체를 지배했습니다. (   )

역사 용어 정리하기

☐은 만주족이 세운 나라로 중국의 마지막 왕조입니다.

광해군

임진왜란 이후 나라를 안정시키고 중립 외교를 펼친 왕입니다

선조의 후궁에게서 태어나 임진왜란이 터지자 세자가 되었어요. 의주로 피난한 선조와 나랏일을 나누어 맡아 전국을 돌며 군사를 모았지요. 임진왜란이 끝난 뒤 왕위에 올라 어려워진 나라를 안정시키고자 노력했어요. 후금과 명나라 사이에 싸움이 벌어져 명나라가 조선에 지원군을 요청하자, 강홍립 군대를 보내면서 후금에 항복하라고 몰래 지시했어요. 명나라에 대한 의리와 후금의 보복 위험 사이에서 중립 외교를 펼친 것이지요. 인조반정으로 왕위에서 쫓겨나 왕자 때 이름인 광해군으로 역사에 남게 되었답니다.

알쏭달쏭 바로알기

틀린 곳을 맞게 고쳐 쓰세요.

- 광해군은 인조의 아들입니다. (   )
- 광해군은 병자호란 때 전국을 돌며 군사를 모았습니다. (   )
- 광해군은 원나라와 후금 사이에서 중립 외교를 펼쳤습니다. (   )

역사 용어 정리하기

□□□은 임진왜란이 끝난 후 나라를 안정시키고 중립 외교를 펼쳤습니다.

인조반정

인조가 광해군을 몰아내고 왕위에 오른 사건입니다

선조 때 붕당들은 왕위를 두고 싸움이 심했어요.
광해군의 반대파는 선조의 두 번째 비인 인목 왕후가 낳은 영창 대군을 지지했어요.
광해군은 왕의 자리가 위태롭게 되자 인목 대비를 가두고 영창 대군을 죽였지요.
인조는 반대파를 모아 광해군을 몰아내고 왕이 되었어요.
명나라를 배반하고 윤리를 어긴 잘못을 바로잡는다고 하면서요.
‘반정’은 옳지 못한 왕을 쫓아내 바른 것(정正)으로 되돌린다(반反)는 의미예요.

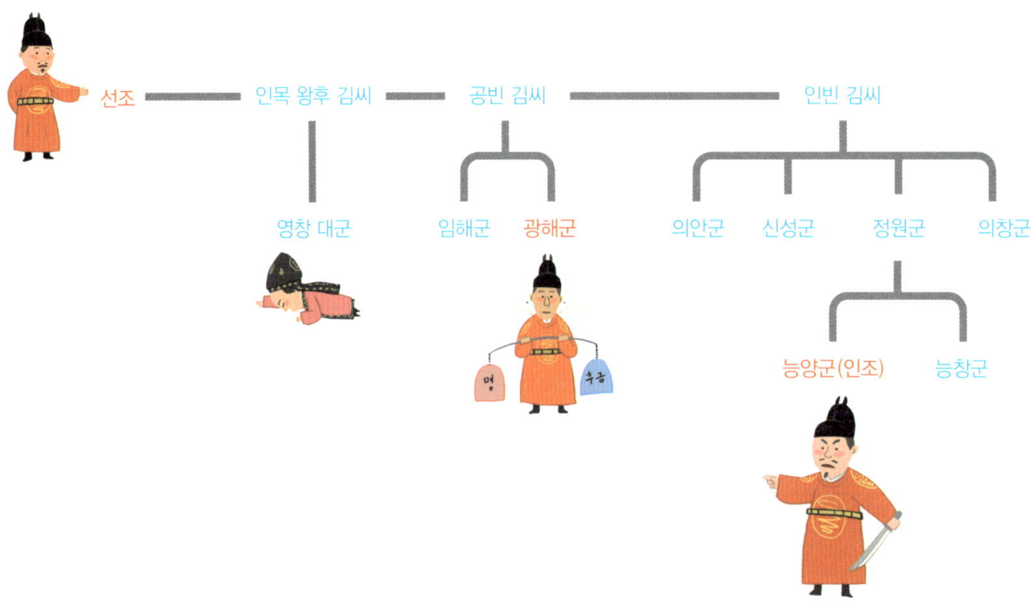

알쏭달쏭 바로알기

내용이 맞으면 ○표, 틀리면 X표를 하세요.

- 광해군의 반대파는 인목 왕후가 낳은 수양 대군을 지지했습니다. (　　)
- 인조는 반대파를 모아 광해군을 몰아냈습니다. (　　)
- 인조는 광해군이 명나라를 배반하고 윤리를 어겼다고 비난했습니다. (　　)

역사 용어 정리하기

□□□□은 인조가 광해군을 몰아내고 왕위에 오른 사건입니다.

정묘호란

정묘년인 1627년에 후금이 조선을 침입하여 일어난 전쟁입니다

'호란'은 오랑캐(호胡)가 일으킨 난리(란亂)라는 뜻이에요.
광해군을 몰아낸 인조는 중립 외교 대신 명나라를 받들고 후금을 멀리했어요.
그러자 후금은 억울하게 쫓겨난 광해군의 원수를 갚는다며 조선을 침입했어요.
후금 군사 3만 명이 황해도까지 순식간에 내려왔지요.
인조는 강화도로, 소현 세자는 전주로 피란했어요.
조선과 후금은 형제의 나라로 지내자는 약속을 한 뒤 전쟁을 끝냈어요.

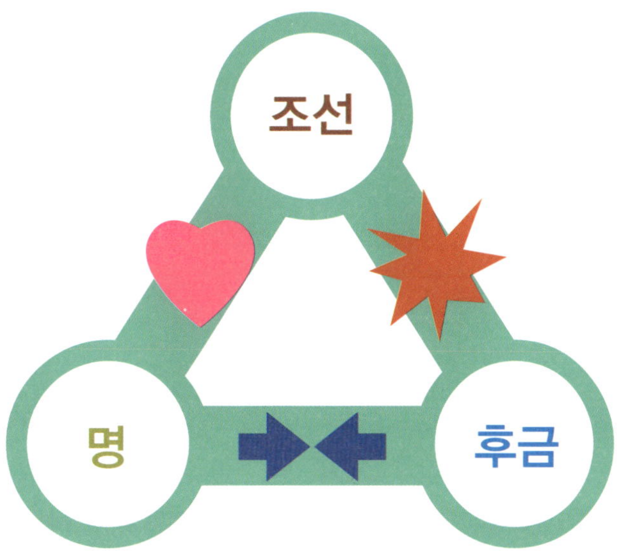

알쏭달쏭 바로알기

틀린 곳을 맞게 고쳐 쓰세요.

- 왜란은 오랑캐가 일으킨 난리라는 뜻입니다. (   )
- 정묘호란은 광해군 때 일어났습니다. (   )
- 인조는 청나라를 받들고 후금을 멀리했습니다. (   )

역사 용어 정리하기

□□□□은 1627년에 후금이 조선을 침입하여 일어난 전쟁입니다.

병자호란

병자년인 1636년에 청나라가 조선을 침입하여 일어난 전쟁입니다

정묘호란 뒤에도 조선은 여전히 후금을 멀리하고 명나라를 받들었어요.
후금은 나라 이름을 청으로 바꾸고 조선에 신하의 나라가 되라고 요구했지요.
조선이 거절하자 청 태종이 직접 10만여 대군을 거느리고 침략했어요.
한양이 함락되고 인조는 남한산성으로 피신해
45일을 버텼지만 결국 항복했어요.
인조는 삼전도에서 청 황제에게 무릎 꿇고 신하의 예를 올려야 했지요.

알쏭달쏭 바로알기

틀린 곳을 맞게 고쳐 쓰세요.

- 병자호란은 원나라가 일으킨 전쟁입니다. (   )
- 병자호란 때 인조는 행주산성으로 피신했습니다. (   )
- 인조는 강화도에서 청 황제에게 무릎 꿇고 항복했습니다. (   )

역사 용어 정리하기

□□□□은 1636년에 청나라가 조선을 침입해 일어난 전쟁입니다.

남한산성

병자호란 때 인조가 피신한 남한산의 성입니다

경기도 광주의 남한산에 있으며 한양 남쪽을 지키는 산성이었어요.
백제 때부터 있던 산성을 인조가 다시 크게 수리하여 임시 궁궐과 관청도 두었지요.
병자호란이 일어나자 봉림 대군과 왕실 가족은 강화도로,
인조와 소현 세자는 남한산성으로 피란했어요.
인조와 신하들은 남한산성 안에서 추위와 굶주림에 시달려야 했어요.
청나라와 싸우자는 주전론과 항복하고 화해하자는 주화론으로 의견이 나뉘었지요..
강화도가 함락되자 인조는 성에서 나와 항복했어요.

알쏭달쏭 바로알기

두 단어 중 맞는 것에 ○표 하세요.

- 인조는 (소현 세자, 사도 세자)와 함께 남한산성으로 피신했습니다.
- 남한산성 안에서 (주전론, 주화론)을 주장한 신하들은 청나라와 끝까지 싸우자고 했습니다.
- (거문도, 강화도)가 함락되자 인조는 성에서 나와 항복했습니다.

역사 용어 정리하기

□□□□은 병자호란 때 인조가 피신한 남한산의 성입니다.

북학론

청나라의 문화와 제도를 받아들이자는 주장입니다

병자호란 뒤 소현 세자를 비롯해 수십만 명이 청나라에 끌려갔어요.
소현 세자는 그곳에서 천주교와 서양의 과학을 알게 되었어요.
오랑캐라 얕잡아 본 청나라가 서양 문물을 받아들여 발전하는 모습도 보았지요.
그래서 북쪽(북北)의 청을 배워(학學) 나라의 실력을 길러야 한다고 주장했어요.
소현 세자는 조선에 돌아올 때 서양 책과 기구 등도 갖고 왔어요.
소현 세자가 보인 선구적인 사상은 조선 후기에
여러 실학자의 북학 사상에 영향을 주었어요.

알쏭달쏭 바로알기

틀린 곳을 맞게 고쳐 쓰세요.

- 소현 세자는 청나라에서 동양 문물을 알게 되었습니다. (　　　　　)
- 북학론은 명을 배워 나라의 실력을 키우자는 주장입니다. (　　　　　)
- 조선 후기에 실학자들은 북벌론을 발전시켰습니다. (　　　　　)

역사 용어 정리하기

□□□은 청나라의 문화와 제도를 받아들이자는 주장입니다.

북벌론

청나라를 정벌하자는 주장입니다

북쪽(북녘北)의 청을 정벌(벌할伐)하겠다는 주장이어서 북벌론이에요. 인조의 뒤를 이은 효종은 청나라에 대한 원한이 깊어 병자호란의 치욕을 갚겠다며 청나라를 정벌할 준비를 했어요. 뜻이 같은 송시열, 이완 등을 등용해 군대를 키우고 산성을 정비했지요. 하멜 등에게 조총, 화포 같은 새로운 무기도 만들게 했어요. 하지만 청나라가 강한 데다 효종이 일찍 죽어서 북벌은 이루어지지 않았어요.

알쏭달쏭 바로알기

틀린 곳을 맞게 고쳐 쓰세요.

- 북벌론은 북쪽의 명을 정벌하자는 주장입니다. (   )
- 효종은 임진왜란의 치욕을 갚겠다며 북벌 정책을 추진했습니다. (   )
- 북벌 정책에 뜻을 같이 한 신하는 송종기, 이완 등입니다. (   )

역사 용어 정리하기

☐☐☐은 청나라를 정벌하자는 주장입니다.

정 답

1 건국과 정치

7p 홍건적, 태조, 고조선 | 이성계
8p 압록강, 최영, 반대 | 위화도 회군
9p 주원장, 임진왜란, 청나라 | 명
10p 과거, 명나라, 권문세족 | 신진 사대부
11p 유교, 재상, 한양 | 정도전
12p ○, ○, × | 하여가
13p 학자, 고려, 선죽교 | 단심가
14p 한강, 태조, 유교 | 한양
15p 큰, 조회, 임진왜란 | 경복궁
16p 성곽(성벽), 동쪽, 예 | 4대문
17p 이방원, 왕권, 병사(군사) | 태종
18p ×, ○, ○ | 의정부
19p 공조, 판서, 6방 | 6조
20p 8도, 관찰사, 군 | 8도
21p 셋째, 백성, 여진족 | 세종
22p 학문, 경연, 세조 | 집현전
23p 수양, 단종, 호패법 | 세조
24p ×, ×, ○ | 성종
25p 성종, 유교, 조선(우리) | 경국대전
26p 사헌부, 집현전, 왕 | 3사
27p 비서, 매일, 기록 | 승정원일기
28p 전기, 공신, 사림 | 훈구
29p 선비, 지방, 성종 | 사림
30p ×, ○, ○ | 조광조
31p 훈구, 네, 사림 | 사화
32p 수양, 도산, 영남학파 | 이황
33p 율곡, 임진왜란, 기호학파 | 이이

2 사회와 경제

35p 공자, 종교, 삼강오륜 | 유교
36p 세, 친구, 차례 | 삼강오륜
37p 세종, 중국, 효자 | 삼강행실도
38p 성년식(성인식), 갓, 계례 | 관례
39p 15세, 함, 신부 | 혼례
40p ×, ×, ○ | 상례
41p 4대, 기제사, 효도(효) | 제례
42p 16세, 신분, 세금 | 호패
43p 무과, 잡과, 양인 | 과거
44p 무반, 신분, 군대 | 양반
45p 양반, 역관, 서얼 | 중인
46p ○, ×, ○ | 상민
47p 낮은, 천민, 백정 | 천민
48p 남자, 천민, 사노비 | 노비
49p 추노, 추쇄도감, 양인 | 추쇄
50p 세종, 중국, 농부 | 농사직설
51p 조선, 구름, 육의전 | 운종가
52p ×, ○, ○ | 정희 왕후
53p 호, 이이, 그림 | 신사임당
54p 양반, 재산, 상속 | 분재기
55p 국립, 소과, 기숙사 | 성균관
56p 지방, 국립, 4부 | 향교
57p 사립, 주세붕, 소수 | 서원

3 문화와 과학

59p 남대문, 한양, 국보 | 숭례문
60p 제사(제례), 위패, 제례 | 종묘
61p 종묘, 곡식, 기우제 | 사직단
62p 28자, 1446, 주시경 | 훈민정음
63p 훈민정음, 상소, 한자 | 최만리
64p ×, ×, ○ | 장영실
65p 가마솥, 해시계, 햇빛 | 앙부일구
66p 물시계, 물, 장영실 | 자격루
67p 비, 세종, 200년 | 측우기
68p 혼천, 장영실, 하늘 | 혼천의
69p 혼천의, 간의대, 한양 | 간의
70p ×, ○, × | 칠정산
71p 계미자, 세종, 대나무 조각 | 갑인자
72p 역사, 태조, 사관 | 조선왕조실록
73p 지리책, 우리나라, 신증 | 동국여지승람
74p 역사, 고려, 신라기 | 동국통감
75p 음악책, 전기(초기), 그림 | 악학궤범
76p ○, ○, × | 동의보감
77p 명절, 여름, 추석 | 세시 음식
78p 어촌(바닷가 마을), 1월, 산신제 | 풍어제
79p 사람, 천하, 새 | 장승
80p 추석(팔월 한가위), 강강술래, 이순신 | 강강술래
81p 고, 남자, 줄다리기 | 고싸움놀이
82p ○, ○, × | 농요
83p 마을, 농번기, 품앗이 | 두레
84p 양반, 벼슬, 최고 | 승경도놀이
85p 상민, 장기, 여름 | 고누

4 대외 관계

87p 진, 여진족, 4군 | 4군 6진
88p 세종, 대마도, 왜구 | 이종무
89p 일본, 도요토미 히데요시, 의주 | 임진왜란
90p 일본, 황윤길, 황윤길 | 황윤길
91p 임진왜란, 명량, 노량 | 이순신
92p ○, ×, × | 거북선
93p 이장손, 시간, 화포 | 비격진천뢰
94p 의, 승려, 지리 | 의병
95p 의령, 홍의장군, 진주 | 곽재우
96p 행주, 학익진, 남해 | 한산도 대첩
97p 전라도, 김시민, 의병 | 진주 대첩
98p ○, ×, ○ | 행주 대첩
99p 명나라, 정유년, 일본 | 정유재란
100p 도자기, 아리타, 도조 | 이삼평
101p 임진왜란, 일본, 수백 | 통신사
102p 여진족, 청, 명나라 | 청
103p 선조, 임진왜란, 명나라 | 광해군
104p ×, ○, ○ | 인조반정
105p 호란, 인조, 명나라 | 정묘호란
106p 청나라, 남한산성, 삼전도 | 병자호란
107p 소현 세자, 주전론, 강화도 | 남한산성
108p 서양, 청, 북학론(북학 사상) | 북학론
109p 청, 병자호란, 송시열 | 북벌론

찾아보기

____________________의 한국사 공부 체크 리스트

교과서가 쉬워지는 **용어 한국사 600**으로 공부한 주제에 ✓를 합니다.

- [x] 이성계
- [ ] 위화도 회군
- [ ] 명
- [ ] 신진 사대부
- [ ] 정도전
- [ ] 하여가
- [ ] 단심가
- [ ] 한양
- [ ] 경복궁
- [ ] 4대문
- [ ] 태종
- [ ] 의정부
- [ ] 6조
- [ ] 8도
- [ ] 세종
- [ ] 집현전
- [ ] 세조
- [ ] 성종
- [ ] 경국대전
- [ ] 3사
- [ ] 승정원일기
- [ ] 훈구
- [ ] 사림
- [ ] 조광조
- [ ] 사화
- [ ] 이황
- [ ] 이이
- [ ] 유교
- [ ] 삼강오륜
- [ ] 삼강행실도
- [ ] 관례
- [ ] 혼례
- [ ] 상례
- [ ] 제례
- [ ] 호패
- [ ] 과거
- [ ] 양반
- [ ] 중인
- [ ] 상민
- [ ] 천민
- [ ] 노비
- [ ] 추쇄
- [ ] 농사직설
- [ ] 운종가
- [ ] 정희 왕후
- [ ] 신사임당
- [ ] 송순의 분재기
- [ ] 성균관
- [ ] 향교
- [ ] 서원
- [ ] 숭례문
- [ ] 종묘
- [ ] 사직단
- [ ] 훈민정음
- [ ] 최만리
- [ ] 장영실
- [ ] 앙부일구
- [ ] 자격루
- [ ] 측우기
- [ ] 혼천의
- [ ] 간의
- [ ] 칠정산
- [ ] 갑인자
- [ ] 조선왕조실록
- [ ] 동국여지승람
- [ ] 동국통감
- [ ] 악학궤범
- [ ] 동의보감
- [ ] 세시 음식
- [ ] 풍어제
- [ ] 장승
- [ ] 강강술래
- [ ] 고싸움놀이
- [ ] 농요
- [ ] 두레
- [ ] 승경도놀이
- [ ] 고누
- [ ] 4군 6진
- [ ] 이종무
- [ ] 임진왜란
- [ ] 황윤길
- [ ] 이순신
- [ ] 거북선
- [ ] 비격진천뢰
- [ ] 의병
- [ ] 곽재우
- [ ] 한산도 대첩
- [ ] 진주 대첩
- [ ] 행주 대첩
- [ ] 정유재란
- [ ] 이삼평
- [ ] 통신사
- [ ] 청
- [ ] 광해군
- [ ] 인조반정
- [ ] 정묘호란
- [ ] 병자호란
- [ ] 남한산성
- [ ] 북학론
- [ ] 북벌론